JN279361

MINERVA保育実践学講座 11

保育内容「表現」論

名須川知子・高橋敏之 編著

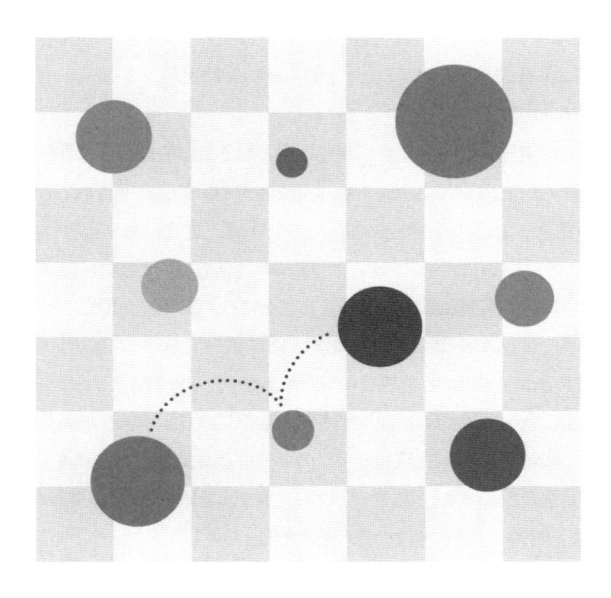

ミネルヴァ書房

刊行にあたって

　本講座『MINERVA保育実践学講座』では、新進気鋭の教育研究者や実践者の参画を得ました。幼児教育・保育に取り組む私たちがさわやかな風を感じあえるような企画を語り合いました。次のような心持ちを大切にして、本講座を整えることにしました。

　その一つは、子どもたちが、幸せになっていくことを求め続ける保育の世界をつかみたいと考えます。共存から共生へ、そして共生から共創へと、暮らしを創っていくことの中で、子どもたちは幸せになっていくのではないでしょうか。

　その二つは、「幸せになる」ことと重なりますが、子どもたちが自らの「育ち」や「学び」を実感できる保育の世界をつかみたいと考えます。「幼児期にふさわしい生活」は、一つのキーワードになります。

　その三つは、育ちゆく子どもたちに、そして子どもたちに寄り添い、育ちを支援していく人たちにエールを送りたいと考えます。いま、保育の任にある保育者、子育てのさなかにある保護者、これから保育者になる人たち、子育て支援に取り組んでいる人たち、といった多くの立場の人たちに、勇気や元気を吹き込むことができればと願います。保育にかかわることの必要と喜びを実感し、自信を持って踏み出して欲しいからです。

　その四つは、少しばかり難しくなりますが、「幼年教育実践学」を構想しながら、幼児教育・保育にかかわる理論と実践のゆるやかな練り合わせを試みるものにしたいと考えます。理論に重点が置かれすぎて、実践が見えてこないことがあったり、その逆の、実践の紹介に重点が置かれて、理論化への手がかりが見えてこなかったりすることがあります。こうした点を克服する「教育実践学」にかかわる最先端の取り組みをふんだんに盛り込み、、納得のできる内容に取り組みます。

　本講座は保育者養成課程でのテキストにとどまらず、実践的理論書として、具体的な実践ストラテジーを提供できるものとします。「迷ったときに開きたくなる」「確かめたくなったとき開きたくなる」「手元に置いておくとなぜか安心できる」ような『MINERVA保育実践学講座』でありたいと願っています。

監修　田中亨胤

はじめに

　子どもの表現は，生きることそのものである。しかしながら，現代の子どもにとって，それがどんなに困難な状況になっていることであろうか。子どもをめぐる環境は，物質的には豊かになり，目に見える範囲では進歩した状態であるといえよう。一方で，生命を直接脅かす物的，人的状況も生み出されている。このようななか，たくましく自分の個性を発揮させながら，仲間とともに心身を育んでいくことの難しさを日々感じている。

　このような状況であるからこそ，子ども自身が自分を表現し，それをお互いに認め合って成長していくことを目的とした「保育内容　表現」の意味が問われる。本書は，乳幼児期の自己表出を総合的な表現活動としてとらえた。したがって，第1章では，幼児の自己表現の意味を明確にし，イメージや遊びといった幼児の表現生活を支える基本的な視座から論述した。続いて，第2章から4章では，各分野から音楽表現の本質，および発達における音楽表現のあらわれを記述した。第5章から7章では，造形表現の基礎理解，その環境と援助，展開と可能性を論考した。さらに，第8章から10章では，身体表現活動の発達，総合表現への展開，および身体表現の可能性について述べた。最後に，保育内容としての表現領域の展望について，身体にみられるリズムに着目して，時系列的に論述した。これらの内容は，いずれも表現教育に関する研究はもちろんのこと，保育現場により近い立場での実践研究者らが，保育者養成も念頭におきながら執筆したものである。したがって，これから保育者をめざす人を含め，現在保育に携わっている人，また保育内容として表現を研究している人等，多くの人の目に触れていただければと思っている。そして，それぞれの立場で一読された結果，問題点等を厳しくご叱正ご鞭撻いただきたい。

　この書が，編者が初めに企図した保育内容表現の新たなるパラダイムを提示しているのかどうか，それは後世に評価されるものだと考える。しかしながら，

この時点で精一杯これまでの研究成果・実践成果を，保育現場を視野に入れて執筆した気持ちを多少なりとも感じていただけたらと思う。そして，今を生きる子どもにとって必要不可欠な保育内容表現についての示唆を与えられたらと願っている。

　本書の出版のために多くの方のご支援をいただいた。ミネルヴァ書房の杉田啓三社長，編集のためにご尽力いただいた浅井久仁人氏をはじめ，関係の方々に心より御礼を申し上げたい。

　　　2006年10月

編者　名須川知子
　　　高橋　敏之

保育内容「表現」論　目　次

はじめに

第1章　幼児の自己表現 …………………………………………………… 1
　　1　表現の意味 ……………………………………………………………… 1
　　2　表現とイメージ ………………………………………………………… 6
　　3　表現と遊び ……………………………………………………………… 11

第2章　子どもの音楽表現の本質 ………………………………………… 17
　　1　幼児教育における音楽指導の問題点 ………………………………… 17
　　2　クリエイティブ・ミュージックと子どもの音楽表現 ……………… 20
　　3　第2次世界大戦以降の音楽作品における表現の美学的特質 ……… 23
　　　　――子どもの音楽表現の本質との共通点を探る

第3章　乳児の音楽表現 …………………………………………………… 33
　　1　発達と表現 ……………………………………………………………… 33
　　2　乳児のうたい始め ……………………………………………………… 38
　　3　乳児の表現をどう受け止め育むか …………………………………… 43

第4章　幼児の音楽表現 …………………………………………………… 48
　　1　うたう表現 ……………………………………………………………… 48
　　2　楽器を使う表現 ………………………………………………………… 53
　　3　生活と音楽表現 ………………………………………………………… 57

第5章　幼児の造形表現の基礎理解 ……………………………………… 63
　　1　就学前造形教育 ………………………………………………………… 63
　　2　発達と描画表現 ………………………………………………………… 68
　　3　幼年造形教育学の構築 ………………………………………………… 73

第6章　造形表現の環境と援助 …… 79
1　育ちと造形の表現 …… 79
2　造形表現の理解と読み取り …… 87
3　遊びや活動を促す工夫 …… 90

第7章　造形表現の展開と可能性 …… 95
1　造形表現と素材の可能性 …… 95
2　造形表現の発展と可能性 …… 101
3　造形表現と生活 …… 105

第8章　身体表現活動の発達と表現 …… 111
1　発達と身体表現 …… 111
2　身振りによる身体表現 …… 117
3　身体表現を促す環境 …… 120

第9章　幼児期の身体表現 …… 126
1　素材と表現活動 …… 127
2　音と動きの融合的活動 …… 132
3　総合表現の展開 …… 137

第10章　身体表現の可能性 …… 144
1　保育者と身体表現 …… 144
2　さまざまな身体表現活動 …… 151
3　身体表現の可能性 …… 154

第11章　保育内容「表現」の展望 …… 160
1　保育内容「表現」の成果——身体のリズムの変遷をたどって …… 160
2　保育内容「表現」の課題——身体のリズムの現在 …… 167
3　保育内容「表現」の発展 …… 171

索　引

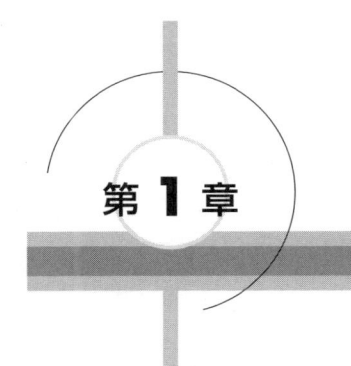

第1章 幼児の自己表現

　本章では，幼児期の自己表現活動を「表現の意味」「表現とイメージ」「表現と遊び」の視点から概観し，保育と家庭教育における表現教育のあり方と適切な援助を考える。

　第1節の「表現の意味」では，「生きる力と自己表現」の関連性，「自己表現の活性化」を図る意味，「発達速度と個人差」の捕捉，「子どもの美の心」の育成，「幼児期の芸術教育」の必要性，について論述する。第2節の「表現とイメージ」では，根元的で困難な問題である「イメージとは何か」に迫ると同時に，保育実践における「イメージの母胎」とはどういうものか，保育者が「イメージの形成」過程にどうかかわるか，「イメージの表現」の指導の仕方，に関して考察する。第3節の「表現と遊び」では，「保育における表現と遊び」「子どもの表現と家庭教育」「問いかけと表現」「遊びの学習化と幼小連携」などの項目を取り上げ，幼児の遊びと表現と学びについて論考する。

1　表現の意味

（1）生きる力と自己表現

　保育の必要性を考察する時の大前提は，次の世代を担うのは子どもたちであるという認識である。そのために保育は，子どもに生きる力を授けようとする。人間はやがて，社会のなかで道徳性と遵法精神のある公民的資質（good citizenship）をもった成年市民として生きてゆかねばならない。そのために必

要なのが教育であり，その教育の基盤をつくるのが保育である。したがって生きる力とは，生命維持だけの状態や他人との競争力などではなく，人間らしく生きるための力ということになり，「生きる」という言葉には，精神的なものの占める割合が多い。つまり，人間らしさをつくる基盤は，精神生活のある文化的な暮らしであり，日本国憲法第25条に生存権を定めている通りである。

　われわれは，人間が精神の働きによって生み出した芸術・科学・道徳・宗教・法律などを文化と呼んでいる。これらの精神的所産のなかから幼児期の教育に合ったものを徐々に指導・援助していくのが保育の使命といえよう。保育に必須のものは，基本的生活習慣の確立，道徳的心情の育成，個性の伸長などである。したがって，生きる力を育てる保育とは，幼児の多様な行動を説明する包括的な構造をもった概念である。幼児の個性の伸長に不可欠なのは，自己表現であろう。幼児の自己表現は，言語表現，音楽表現，造形表現，身体表現などが単独で，あるいは複合された形で表出，具現化される。そして大人の心象表現とは違い，子どもの自然な表現は，遊びを通して行われる。つまり，言語表現遊び，音楽表現遊び，造形表現遊び，身体表現遊びである。したがって，子どもの表現とは表現遊びのことであり，表現遊びとは子ども特有の遊び方である。

（2）自己表現の活性化

　幼児期の自己表現活動の大きな意味は，幼児は幼児なりに自分で感じ，自分で考え，主体的に行動することによって，自己実現を達成していくことである。表現活動は，子どもが自分自身の行為から学ぶという教育的意義を潜在的にもっている。幼児は，表現活動を通して美しいものを知り，美しいものを感じ，美しいものを創造することができる。表現による教育は，創造性の基礎的能力を高め，根本的な人間性の向上を図るものである。このような考察から，就学前の表現教育は，人間の育成向上に必要不可欠であるといえる。

　表現活動への興味や関心は，先天的なものも当然あるが，集団からの影響，保護者や保育者の語りかけ，生活体験の有無，素材からの刺激など，人的・物

的環境の後天的要因によって活性化できる。就学前の表現教育は，幼児の自己表現の意識を環境構成や動機づけによって刺激すると同時に，創造性を育む一つの手だてとしなければならない。ただ単に表現活動のための材料や用具を与えるのではなく，言葉・表情・動作などを媒体に積極的に幼児に働きかけ，表現の世界へ導くような援助が必要である。われわれは，日常生活のなかで幼児の視覚・聴覚・嗅覚・味覚・触覚の5つの感覚器官に訴え，それらを訓練して鍛え，彼らの驚きや発見に共感していく働きかけの重要性を理解しなければならない。創作や創造の過程には，感覚・知覚・感情・心情・意思・意欲・思考などが総合的に要求されるので，表現活動は，子どもの知能と情緒の均衡を保って育成することができる。

　表現活動を盛んにするための配慮と動機づけを考える時，表現活動そのものを促進させようと思うよりも幅広い経験をさせ，同時に，その事柄を言語化させたり，身体表現させたりして，表現を交差させるような援助が望ましいであろう。つまり，経験したことを黙っていたり，経験のないことを喋ったりするのではなく，経験と自己表現活動が一体化することがよいと思われる。裏打ちされた経験があってこそ，自己表現は生き生きとしたものになり，そのことが表現活動にも影響を与えると考えられる。表現に強烈な感動は欠くべからざるものであり，感動が多ければ多いほど表現の基礎はつくられると推測される。豊かな経験と刺激によって子どもの内面性の発達を図ることの重要性が，このことからも指摘できるであろう。

（3）発達速度と個人差

　われわれはまず，発達速度の個人差を理解しなければならない。たとえば，幼稚園の3歳児学級の幼児のなかには，3歳になったばかりの子どもとすぐ4歳になる子どもがいる。この1年の差は，おとなにとっての1年とは違い，実際の年月の多寡よりも遥かに大きいといえる。これに，発達速度を含む個人差が加わるのであるから大きな差があるといってよいだろう。したがって保育者や保護者には，同じ学級にはいるが，どの子も違う発達段階にあるという認識

が必要である。幼児にとって不幸なことは、表現活動という人間の活動の一側面のみを限定的に取り出して、ほかの幼児と比較されたり、そのことをもとに表現を強制されたり、また表現内容に対して自分の保護者から不当な評価を受けたりすることである。たとえば、音楽表現に対して「あなたは、本当に音痴だわね」といったり、造形表現に対して「バナナの色は、黄色に決まっているでしょ」といったり、身体表現に対して「センスのない踊りだこと」といったりするようなおとなの非難や強制は、子どもの伸びやかな表現活動の発達を阻害し、創造性の芽を摘んでしまうことになりかねない。

　とくに保護者（親）が、子どもと配偶者の否定的な面の類似性を非難することは、絶対に避けねばならない。たとえば、母親の「あなたは、お父さんそっくりで話が回りくどいんだから」というような言葉に教育的な効果は期待できない。さらには、父親自身が「おまえは、お父さんとそっくりで不器用だなあ」といったり、母親自身が「あなたは、お母さんとよく似てるから絵が下手でも仕方ないわね」といったりして、否定的な面で自分と似ていることを指摘するのも人格の否定につながる。これらの言葉は、その子の発達意欲までも無惨に奪い去ってしまうだろう。こういう時の子どもの悲劇性は、他人にいわれたのであれば憤慨するようなことが、親にいわれると妙に納得してしまうところである。子どもは、確かに親に似てはいるが、片方の親とまったく同一ではない。両方の親から形質を先天的に受け継ぐと同時に、後天的に多くのことを学習し獲得する。自分の代で開花しなかった才能が、子どもに発現するかもしれない。もし、親との類似性をいうのであれば、肯定的な面での指摘が望ましいであろう。私たちは、多くの可能性を秘めた存在として子どもを見守り、焦らず伸びやかに育んでいきたいものである。

（4）子どもの美の心

　幼児期の「生活のなかで美しいものや心を動かす出来事に触れ」、その感動を豊かなイメージに膨らませ、さらに自己表現活動に結びつける感覚教育・感性教育・審美教育・表現教育を総合して美育と呼ぶことができる。幼児期に見

せておきたいもの聴かせておきたいものが必ずあるはずで，幼稚なものだけを見せたり聴かせたりするのが保育ではない。当然のことながら，美育にも発達課題と臨界期があり，それを外すと美を感じることが難しい子どもになるだろう。したがって，幼児期の美育に真剣に着手するのであれば，これだけは経験させておきたいというものを具体的に列挙し，検討することからはじめなければならない。

　美の心を，文学と音楽と美術に焦点を当て議論を発展させてみよう。子どもの美しいものに対する興味関心は，保育と幼児期の家庭教育が決定的である。文学教育では，子どもの場合，鑑賞は絵本からはじまるのが普通である。その時，絵の美しさだけでなく，音声言語としての日本語の美しさも伝えたいものである。音楽教育では，子どもと一緒に楽曲を聴いて保育者や保護者が見解を述べ合い，場合によっては論評や解説をする姿を見せることが重要である。さらに，子どもを独立した対等の人格として遇し，意見を聞く態度がその子の音楽的な好みを形成するだろう。造形教育としては，たとえば「スミレの花びらのこの紫色を見てごらん」というように，まず，見る視点を与えることが大切である。次に，「どんなふうになってる？」「あなたはどう感じたの？」などと問いかけ，子どもに身体表現や言語表現させ，そして造形表現へ変換させることが肝要である。美を感じる教育ほど，保育者と保護者によって差があるものはないだろう。純粋無垢な子どもの心に，文学的好み，音楽的好み，美術的好みなどの美意識を植えつけ育てるのは，保育と家庭教育が最初であることを深く認識する必要がある。

（5）幼児期の芸術教育

　一般社会の1つの誤解は，知徳体が学校教育の大きな柱だと思いがちな点で，美育ほど学校教育で不十分なものはない。ハーバート・リード（Read, H.）は，『若い画家への手紙』（1962）のなかで，「学校教育は，知識の注入に専念しており，多くの教育制度は，子どもの美的感受性を台無しにしている」と辛辣に批判している。そして，美的感受性を育成するためには，「具体性，知覚の鋭

敏さ，感情の自発性，注意力，観想力，総体的洞察力，理解力」などが必要であると指摘している。現在の学校教育は，「感受性＜知識」の傾向がみられる。それは，小学校の図画工作科や音楽科の時間数をみれば一目瞭然であろう。日本の子どもには，感受性という学力が不足しているといえる。日本の教育界は，創造性を重視した学力観を再検討しなければならないだろう。

一般的な美育とは別に，子どもたちに文学・音楽・美術・演劇などの芸術を本格的に教育することは，学校教育および家庭教育において非常に困難である。なぜなら，学校教育は画一的で同質化への傾斜が強く，また，社会に自称芸術家は大勢いても，本当に芸術を理解し実践できる人は，稀少だからである。仮に芸術家がいたとしても，その人が教育者として適格であるかどうかは別問題である。さらに，芸術教育を授けるのに相応しい子どもが，果たしてどれだけいるだろうか。しかし，そういう子どもは，きわめて少数ではあるが，確かにいるだろう。日本における芸術教育の大きな問題点は，そういう天分のある子どもを育てる芸術家養成の特別専門コースが，国の文化政策や公的幼年教育にほとんどないことである。

2　表現とイメージ

(1) イメージとは何か

リードは『芸術による教育』(1943) のなかで，「枝の上の小鳥」と「心の目で見ること」をたとえ話に，イメージに関する見解を述べている。そして「記憶」とは「イメージを呼び戻す能力」，「想像」とは「イメージの多数を相互に関連せしめる能力」であるとしている。

子どものイメージとはどういうものかを，リードの記述に対応させながら説明してみよう。まず，小鳥を見るという直接的・具体的な自然体験・生活体験が，イメージの母胎になるものであるとしよう。したがって小鳥は，現実の3次元空間に生き物として厳然と存在する。次に，小鳥のイメージを記憶が再生し，想像が関連させる過程をイメージの形成ととらえよう。ここで小鳥は，内

的影像・心像・幻影・幻想と呼べるようなものに変容する。最後に，表現媒体の特性を考慮に入れて表現活動として具現化する過程をイメージの表現と定めよう。この時点で小鳥は，小鳥を描写した言葉や，さえずりと似た楽音や，小鳥を形取った粘土や，羽ばたきをまねた身振りなどに，置き換わり再現される。

　このようにわれわれは，小鳥が人間の目を通して脳に入り，皮質内で再構成され，表現物として抽出される過程と様相を想像することができる。母胎・形成・表現は，微視的には直線的段階論としてとらえることができるが，巨視的には帰還体系（feedback system）による円環構造である。つまり，時間の切片を表現教育の視点からみれば，母胎→形成→表現と段階的に進むが，表現活動によって表現すること自体が，具体的な生活体験であり直接的な感動体験であるともいえるので，それらのすべてがイメージの母胎として貯蔵されていくと考えられる。

（2）イメージの母胎

　イメージの母胎になるものは，どのようなものだろうか。第1に，子どもの環境状況が考えられる。現代の環境破壊と過飽和な物質文明は，子どものイメージの母胎になるものの状況をますます悪化させている。子どもの多くは，自然や人と触れ合う機会を失い，その反面，物だけはいつでも何でも手に入る状態で成長している。不便さが希薄な現代社会では，子どもは何でも金銭で購入すればよいので，工夫しなくて済む。工夫しようにも工夫は生まれず，手の巧緻性の発達などにも問題が生じるだろう。また，建設の需要激増による遊び場の減少，出生率の低下と核家族化による家族の成員数の減少，それらにともなう意志疎通や集団遊びの減少，学歴社会と直結した塾通いなどが，子どもの豊かな生活経験を奪っていると指摘できる。本来子どもは，木の枝1本，石ころ1個でも遊ぶ存在である。そういう素質や才能が，現在は埋もれてしまっている。遊びと表現活動は共通している部分が多く，遊びが低下すれば表現活動も低下する。

　第2に，イメージと身体との関連を指摘できる。イメージ（image）の一般

的な意味は，「①目に見える映像。像。かたち。形象。イマージュ。②心にえがかれるすがた。おもかげ」である。しかし，視覚がとらえた映像は，脳で処理されたものであることを考えると，目で見ているものはすでに実体そのものとは異なる。そのことは，同じものを見ても，個々人のとらえ方が皆違うことからも明らかである。イメージの母胎の多くは，環境との相互作用から生まれる。それらは，「身をもって」つまり「自分から」あるいは「自ら経験して」，身に付くもの，身に付いたもの，身に付けるもの，身に付けたものである。したがって，イメージの母胎になるものの獲得には，「身体」が不可欠である。

　第3に，生活経験が重要であろう。子どもを取り巻く環境において，自然や社会の事象に焦点を当てて議論することは，子どもの生活経験を考察することにほかならない。子どもの表現活動において，保育者がこれまで頼りにしてきたものは，生得的な創造性と表現において不可欠であるはずの生活経験である。しかし，現代ではその豊かな生活経験が失われつつある。そこで，生活経験の少なさを幼児期からどのように補っていくのかが問題になる。なぜなら幼児期の原体験や原風景が，その後の表現活動や創作活動に影響を与えるからである。表現は，身体を動かしながら考える行為なので，そういう経験が豊富な子どもの方が表現に手慣れていくだろう。幼児期の子どもが身体を動かす経験といえば，それは遊びであり，現代社会でそれらが減少していることは，容易に推察できる。とくに，表現に不可欠な肉体化した内発性のもとになるものが欠如している。たとえば彫刻に関しては内触覚的感覚が重要で，幼児期に泥んこ遊びをしていない子どもを粘土造形や塑造に馴染ませるのは難しいだろう。

（3）イメージの形成

　幼児期のイメージの形成に必要なものは，どのような事柄だろうか。第1に，イメージの形成過程の現状とその原因を考えてみよう。保育者が今まで一番頼りにしてきたはずの子どもの自発的な創造性，その第一歩となるイメージ，イメージを背後で支える生活経験，それらが根底から失われつつあるのが現代といえよう。にもかかわらず，表現教育におけるイメージの形成に関しては，こ

第1章 幼児の自己表現

れまで保育者が子どもまかせにして，それほど注意力を傾けなかった部分である。これは，現在の表現教育が抱えた大きな問題の1つである。その問題解決のための糸口は，イメージの形成過程に保育がどのようにかかわるかにある。それは，子どもの能力や判断力を必要とする考えの組み立てに，教育的意図をもって働きかけることである。

　第2に，不明確なイメージの認識とその保育があげられる。これまで表現教育は，十分な訓練もせずに子どもの不確かなイメージを頼ってきたといえる。たとえばわれわれは，日常的に行事を表現へ変換させている。音楽会・運動会・遊戯会などのあと，その体験や感動を言葉や絵や身振りにさせる保育実践である。これからの表現教育では，保育者がまず，イメージの不明確さを知るべきだろう。次に，子どもの小さなイメージを大きくする手だてを考えなければならない。さらに，それをどうやって引き出すかが問題である。最後に，曖昧なイメージが通常結びつきやすい概念的な表現様式では，自分らしさが発揮されないということを教えるべきである。たとえば，バナナは細長くて黄色い果物というような固定的概念をもたせないことが必要である。

　第3に，イメージを引き出す保育の工夫が必要だろう。イメージというものの分析にはかなりの議論を要するが，次の3つの点については，異論のないところであろう。つまり，①イメージの根底には，音や形だけではなく感情もある，②イメージは，未熟な段階から高い水準へと発達する，③イメージする能力は訓練によって鍛え，育てることができる，ということである。誰でもおぼろなイメージは，割と簡単に浮かんでくる。しかし，それを音や形にしてみようとすると案外つかみ所がなくて，細かいところが表現できないという状況が生まれる。保育者は，この点を子どもに気づかせ，自発的な創造性を補うための材料や情報の提供を考えなければならない。

（4）イメージの表現

　われわれは，保育におけるイメージの表現を，どのようにとらえればよいのだろうか。第1に，内面の表出を考えてみよう。表現は，遊びであるともいえ

る。本来表現は，人間の根源的な欲求に根ざしており，そのことは何も教えられない幼児が，自発的に歌を口ずさみ，絵を描き，踊りを踊ることなどからも明らかである。子どもの内面が表現活動として表出される状態には，いろいろなパターンがある。①豊かな内面が豊かな表現となる場合，②内面が豊かであるのに表現として十分に表出されない場合，③暗く屈折した内面が表現にそのまま出る場合，④鬱屈した内面が表現にさえ出てこない場合，である。

　第2に，創造性の評価のあり方に議論を発展させてみよう。われわれには，誤解が生んだ根拠のない1つの信念がある。それは，子どもの天真爛漫で純粋無垢な性質を，彼らの創造性に連動させて考えてしまうことである。つまり，子どもの生得的な創造性に過剰に期待しすぎている事実である。たとえば，幼児期にあれほど屈託のない伸び伸びと表現していた子どもが，中学校ではしなやかさのない固い表現をしたりする。この現象に対して，幼児期から小学校低学年にかけて豊かにあった創造性が，その後の不適切な表現教育によって芽を摘まれたのだという分析と判断をする人がいる。

　しかし一方で，もともと子どもは，それほど創造的ではないという考え方も成立する。つまり，われわれおとなと比べて子どもは，空間と形に対する概念や頭と腕の関連や操作が違うだけである。彼らが創造的であるゆえに，あのような表現をしているのではないという見解である。われわれは，彼らの不完全な物事の認知と独特の表現様式を創造性だと勘違いしているのと同時に，おとなには真似のできない彼らの微笑ましい稚拙な感じや良い意味での躊躇のなさを創造性だと思い込んでいる。したがって成長にともなって，それらの発達段階特有の「らしさ」がなくなれば，われわれおとなと同程度の創造性がそこに残るわけである。

　第3に，イメージを表現させる保育のあり方を検討しよう。これからの表現教育とその研究では，保育者や研究者は何を考え何をすればよいのだろう。まず，創造性の教育で保育者に与えられた最大の使命は，型にはまらない「自由」を教えることである。それは，一般的な法則から逸脱することによって普遍性に到達できるような個性を大切にすることである。子どもに対しては，

「上手に歌おう」「綺麗に描こう」「軽快に踊ろう」と思い込み過ぎないようにさせることが大切である。楽な気持ちを子どもにもたせることからはじめるべきだろう。

次に，日本文化の継承とその理解に関して表現教育が担っている役割が大きいことである。異文化理解や国際理解というのは，その国の文化に感化されることを意味するのではなく，自国の文化を理解し継承し大切にする人だけができることである。日本人が連綿と育ててきた感性を子どもたちに見せ教えていく必要がある。そのためには，相手が子どもだからといって，いい加減なことをしてその場を繕うのではなく，本物を見せてゆかなければならない。子どもは子どもなりに，本物から何かを感じ取るものである。そのためにも，幼児期からの鑑賞教育にもっと身を入れるべきであろう。

3　表現と遊び

（1）保育における表現と遊び

日本の保育は現在，子どもの遊びを中心にした自発的な生活のために適切な援助と環境構成に留意するという保育理念を提唱しており，遊びと学習は不可分としてとらえられている。たとえば，文部科学省が告示する『幼稚園教育要領』では，「幼児の自発的な活動としての遊びは，心身の調和のとれた発達の基礎を培う重要な学習であることを考慮して，遊びを通しての指導を中心として幼稚園修了までに育つことが期待される生きる力の基礎となる心情，意欲，態度などが総合的に達成されるようにすること」と明言されている。この記述から得られる「遊び」についての命題は，「遊びは重要な学習である」と「遊びを通して指導せよ」である。また，厚生労働省が作成する『保育所保育指針』にも，「子どもの活動には，生活に関わる部分と遊びの部分とがあるが，子どもの主体的活動の中心となるのは遊びである。遊びは乳幼児の発達に必要な体験が相互に関連し合って総合的に営まれていることから，遊びを通しての総合的な保育をすることが必要である」と明記されている。得られる命題は，

「子どもの活動の中心は遊びである」「遊びは発達に必要な体験が営まれる」「遊びを通して保育せよ」である。結論としていえることは，保育における遊びは，絶対不可欠なものと考えられ，全肯定されていることである。

　子どもの遊びには，絵本や紙芝居などを契機にした言葉遊び，楽器を奏でたり歌を歌ったりするような音楽遊び，砂場の造形や色水遊びなどを含む造形遊び，滑り台やぶらんこなどで遊ぶ運動遊び，身振りや踊り等によって表現する身体遊びなどがある。このように多くの遊びは，子どもの自己表出であり自己表現活動であるといえる。ここで新たに，幼児期の子どもの「遊び＝自己表現活動」という命題が成立する。幼児の自発的な自己表現とは，先に触れたように，主として言語表現・音楽表現・造形表現・身体表現などである。このような認識は，『保育所保育指針』「6歳児の保育の内容」「表現」における「感じたこと，想像したことを，言葉や体，音楽，造形などで自由な方法で，様々な表現を楽しむ」などの記述によって確認できる。したがって，子どもの発達に沿って行われる幼児教育・小学校教育・中学校教育などの連続性を考えれば，幼児期の言語表現・音楽表現・造形表現・身体表現が，小学校の国語科・音楽科・図画工作科・体育科へ引き継がれ，発展するのは無理のない自然な教育課程の移行のように見える。しかしそこには，教育理念の大きな転換と段差があることを見逃してはならない。

（2）子どもの表現と家庭教育

　幼児期の発達課題として必要不可欠なものに，自己表出・自己表現とそれに連動した成功体験と達成経験がある。とくに，自分がほかの人に何かをしてあげて，相手がとても喜ぶのを見るのは，人間性を培う重要な経験といえる。最も幼い時期の身体表現は，「ちょちちょち（両手を叩く）」「あわわ（片手を口へ持っていき，あわわといいながら軽く叩く）」「かいぐりかいぐり（両手を胸の前で軽くグーにして上下に回す）」「おつむてんてん（両手で頭を軽く叩く）」のようなものであるが，言葉も十分に話せない幼児は，自分の動作が周りの人たちの喜びになっていることを直感的に学ぶだろう。こういう肯定的な

相互行為の繰り返しと積み重ねが幼児期には重要で，もしそういう体験が不足したり欠乏したまま成長すれば，表情の乏しい，自他を肯定的にとらえることのできない人間になってしまうだろう。

　自分が興味をもっていることに親が興味をもってくれると，子どもは生き生きしてくる。外遊びをしている子どもが，「お母さん，見てー」といってダンゴムシを見せたとき，「汚いから捨てなさい」と叱るようにいうか，知っていても「うわー，何ていう虫なの」と聞くかでは，大きな違いがある。子どもが「この虫，丸くなるんだよ」といったとき，「へー，忍者みたいだね」と相槌を打てば，親子の話も弾むだろう。親は，もっと子どもの話を真剣に聞くべきであろう。いくら幼くても，一個の独立した別の人格である。

　ある教育学部学生が，子どもの頃を振り返って「粉を練って，たとえばヒマワリパンのような思い思いの好きな形のパンをつくって，オーブンレンジで焼いたのが面白かった」と，母親との思い出を報告している。この女性は，このような母親のもとに生まれ，幸福な子ども時代だったであろう。報告には，親子のパンづくりのことが書かれているが，親子で調理して料理を一緒に食べるというような家庭内労働を通した成功体験や達成経験は，家庭にしかない学びの場である。しかもそこには，「好きな形のパンをつくる」という造形遊びの要素や小中学校の家庭科教育との整合性もあり，学習効果の大きい理想的な教育である。こういう日常的な行為の小さな積み重ねが，子どもを大きく育てるのである。子どもは，親を選ぶことができない。生まれ落ちたその家庭が宿命であり，しかも決定的であるといえよう。

（3）問いかけと表現

　子どもは，おとなに対して「なぜ」「どうして」と頻繁に質問する。「どうして太陽があるの」「なぜ夜は暗いの」「どうして雨が降るの」「なぜ風が吹くの」「どうして空は青いの」などの質問である。子どもの仕事の1つは，おとなに質問をすることである。それは，成長のための必然的な学びである。子どもにとって，この世は謎に満ちている。いろいろと聞きたくなるのは，当然であろ

う。遊びと学習の出発点は，疑問に思うことである。われわれおとなは，子どもの「なぜ」「どうして」の連発が，時々うっとうしく感じることがある。

　しかし，幼児の表現の視点に立つと，「なぜ」「どうして」と聞いてきた時は，子どもに自己表現させる絶好の機会である。保護者や保育者は，子ども自身の独創的な考えを，言葉や音楽や造形や身体で表現させるような問いかけや環境構成や適切な援助を心がけたい。私たちは，「どうして空は青いの」と聞く子どもに，「あなたは，どう考えているの？」と是非とも聞き返してみたいものである。幼児教育の基本は，子どもの頭のなかに知識を注入するのではなく，子どもの頭や心のなかにある独自のアイデアやイメージを表出させることであろう。子どもにとって幸福なのは，一緒に考えてくれる保護者や保育者がいることである。私たちは，子どもの達成度や到達度を賞揚する「よく知っているね」「上手にできたね」「すごく速いね」「それで合ってるよ」などの言葉かけが得意で，無知や下手や遅いことや間違うことが，暗黙のうちに悪いことであるかのような印象を子どもに与えていないだろうか。子どもは，問題には正解があり，正解を導くことが解決であり，解決すれば賞讃が待っていると思わされているのではないだろうか。

　しかし現実の世の中は，未解決の問題ばかりで，なかには答えが無数にあるものもある。人生で直面する問題のほとんどは，答えが用意された練習問題のように，問題集の巻末に解答と解法が出ていたりはしない。個々の子どもに応じた家庭教育のあり方なども，その１つである。なぜなら，誰かとまったく同じ子どもは存在せず，子どもは一人ひとり違うからである。したがって，幼児期の子どもの「なぜ」「どうして」の質問に対する親の答え方や，子どもと一緒に答えを探そうとする保護者や保育者の姿勢は，その子がおとなになったとき，人生の困難に立ち向かう心構えを決定するといっても過言ではない。

（4）遊びの学習化と幼小連携

　現代日本の保育では，先に触れたように「幼児の自発的活動＝遊び＝学習」または「子どもの主体的活動＝遊び＝発達に必要な総合的体験」の認識が一般

的であり,「活動＝遊び＝学習および体験」の一元論は,幼稚園教育と保育所保育の基本理念になっている。しかし,小学校教育がはじまると学習時間と遊び時間は,ほぼ分離され「学校生活＝学習＋遊び」の二元論に移行する。

　たとえば,『小学校学習指導要領』「生活」「音楽」「図画工作」「体育」の学習内容の一部には,「遊びを工夫する」「遊びを楽しむ」「音遊び」「ふし遊び」「造形遊び」「運動遊び」「表現リズム遊び」などの「遊び」があるものの,小学校教育における遊びと学習は,基本的には意味も時間も明確に区別されている。幼児教育では,遊びとは表現であり,「遊びのなかに学び」があると考えているが,小学校教育では,第1学年から学びと遊びを完全に分離しているか,十分に多く見積もっても「学びのなかに遊び」を取り入れようとしているだけである。幼児教育と小学校教育における,遊びと学習についてのとらえと受け止めの違いという現状は,学びと遊びに関して,一元論に基づく幼児教育と二元論に基づく小学校教育というように整理できる。これは,教育哲学・教育理念・教育思想の大きな相違であり,幼小連携教育が重要だと叫ばれながらも,具体的な構想と実現が難しい最大の原因になっている。

　これと同様に,子どもの活動とおとなの認識には,ズレがある。遊びについても,子どもとおとなでは認識がまったく違う。おとなから見れば何でもない遊びにしか見えないことが,子どもにとっては,非常に重要な学習になっていることがある。子どもは,おとなが考えている狭い意味の遊びではないものを遊びのなかにもっている。それは,活動に対する真剣さや必死さといえるもので,問題解決の必然性のようなものである。たとえば,砂場でスコップを使って山をつくるところまでは,にこにこして遊んでいた子どもたちが,パイプを使って山にトンネルを掘り,雨樋を使って水道から川に水を引き,ダムを建設して貯水する頃になると,顔付きから笑いは消え,表情は真剣そのものになる。砂場は,もはや彼らの仕事場であり,遊ぶことは生きることと同値になる。対価を求めない純粋な行為である分,私たちの仕事よりも上位の概念であり,行為や活動に臨むときの意識は,上位の観念であるかもしれない。

　このように人間は,楽なことが楽しいわけではなく,大変さを克服した達成

感のなかに楽しさを見いだす本性をもっている。遊びの学習化の基本と示唆は，こういう部分に存在する。遊びの学習化は，幼児教育と義務教育の最重要事項として，今後も学校教育において深化・発展させねばならない重要な概念である。

学習課題

○子どもの発達段階の理解と表現活動の援助について，本書を読み返して，まとめてみよう。
○イメージの形成を活性化する環境設定について，整理しよう。
○独自の表現様式を獲得させる指導について，語り合ってみよう。

参考文献

高橋敏之「造形表現におけるイメージの形成とその母胎」大学美術教育学会編『大学美術教育学会誌』第34号，247-254，2002年。

高橋敏之「幼年期の家庭における造形活動と人的環境としての保護者とのかかわり」日本家庭教育学会編『家庭教育研究』第7号，1-10，2002年。

高橋敏之「現代における幼児期の家庭教育の重要事項と課題」日本家庭教育学会編『家庭教育研究』第8号，35-44，2003年。

Read, H., *Education through Art*, London, Pearn, Pollinger and Higham, 1943（植村鷹千代・水沢孝策訳『芸術による教育』美術出版社，1953年）.

Read, H., *A Letter to a Young Painter,* New York, Horizon Pr, 1962（増野正衛・多田稔共訳『若い画家への手紙』新潮社，1971年）.

（高橋　敏之）

第2章 子どもの音楽表現の本質

　本章では，子どもの音楽表現の本質と，第2次世界大戦以降大きく変貌した作曲家による音楽作品の特質との接点を見いだすことにより，保育者が子どもの音楽表現を支援していくための観点を探る。第1節では，幼稚園における音楽教育の問題点を検討する。続く第2節では，「クリエイティブ・ミュージック」と呼ばれるイギリスの音楽づくりの教育を紹介し，その音楽観と子ども観について論じる。第3節では，クリエイティブ・ミュージックが拠って立つ第2次世界大戦以降の音楽作品における表現の美学の特質について考察する。そして子どもの音楽表現と現代音楽との共通点を見いだし，クリエイティブ・ミュージックの音楽観とその子ども観の理念的つながりを明らかにする。現代音楽と子どもの音楽表現の共通点は「即興性」「音概念の拡大」「表現の未分化と時空間感覚の確認」の3点であり，保育者はこれらに着目することにより，子どもの音楽表現を深めることができるだろう。

1　幼児教育における音楽指導の問題点

(1)　2つの音楽教育——保育者主導型と子どもの音楽活動中心型

　1989年の幼稚園教育要領改訂により，それまで「音楽リズム」と呼ばれていた領域が「表現（音楽）」とされた。領域名の変更により，幼稚園における音楽教育のあり方も大きな変革を迫られたといっていいだろう。しかし，2004年に日本音楽教育学会が『音楽教育実践ジャーナル』誌において「今，保育にお

ける音楽を考える」という特集を組んだ際に座談会の焦点としたように，幼稚園教育要領の改訂の趣旨が，いまもなお，保育者養成に携わる教員の間で完全に理解されているとはいいがたいという状況がある（阪井ほか，2004）。「表現論」よりもピアノや歌の指導が優先されてしまうという保育者養成の実態が，ここでは指摘されている。

　それでは実際に，保育現場における音楽教育はどうなっているのだろうか。幼稚園での音楽実践は，およそ次の4つに分けることができるだろう。第1に，鼓笛隊や生活発表会でおとな顔負けの演奏をするような，おとなの音楽会のミニチュア版としての音楽演奏。第2に，幼児向けにつくられた，あるいは幼児に適していると考えられる歌を保育者の指導のもとで歌うという，レパートリーを増やしていくタイプの一斉指導。第3に，リトミックやダンスのような，音楽を聴いて身体表現をするというもの。そして4番目に，子どもの生活や遊びに根ざした手づくり楽器や音楽づくりの活動である。第1と第2の音楽教育は既成の芸術音楽をモデルとしたものであり，第3と第4の音楽教育は子どもから自然発生的に生まれる音楽表現を伸ばす方向のものであるといえるだろう。

　幼児教育における音楽教育の問題は，おとなの音楽的価値観を基準にした「芸術音楽」を一方の極に，子ども自身の表現に価値を置く「表現音楽」をもう一方の極に，保育者主導型の音楽教育と，子どもの音楽活動中心型の音楽教育の両極化が進んだことにあるのではないだろうか。一方で子どもの音楽表現を生活のなかでトータルにとらえていこうとする保育者が増えたにもかかわらず，他方ではピアノさえ弾ければ何とかなるというような旧態依然とした音楽教育観で子どもを指導しようとする保育者もいまだに後を絶たないのである。先の音楽教育学会の座談会において，「表現」領域を指導できる保育者を育てるためには，従来のように「音楽の表現の仕方を指導する」のではなく，「保育者は子どもに何を援助できるか」という見方による指導を進めるべきであろうと提案されていた（阪井ほか，2004：39）。つまり，保育者養成においても，第1や第2のタイプの音楽教育から，第3や第4のタイプの音楽教育への転換が促されているのである。

第 2 章　子どもの音楽表現の本質

（2）技能中心指導の弊害

　では，なぜ第1や第2のタイプの音楽教育には問題があるのだろう。保育現場に長年携わった大場牧夫は，「表現」領域がまだ「絵画製作」「音楽リズム」と分けられていた頃の弊害として，「技能中心の指導」をあげている（大場，1996：148）。大場によれば，造形教育における「作品至上主義」や音楽教育における「発表中心主義」は，活動のプロセスよりも結果を重視するため，保育者中心的な指導に陥ってしまうという。また，幼児教育における音楽指導の「発達的な視点の欠如」と「総合性の欠け」についても指摘している。つまり，前者は音楽という表現活動が子どもの年齢に即してどのような育ち方をするのかが明らかにされていない，後者は幼稚園における歌に子どもの豊かな生活経験が生かされていないという弊害である（大場，1996：149-151）。

　大場の指摘する技能中心指導の3つの弊害――「発表中心主義」「発達的な視点の欠如」「総合性の欠け」――は，今日における幼稚園の「表現（音楽）」においても完全に解消されてはいない。すなわち，上述の4つの音楽教育のうち，おとなが考える芸術音楽を基準にした第1や第2のタイプの音楽指導では，依然，技能中心・発表中心・指導者中心であったり，発達的視点が欠けていたり，子どもの生活感から離れた音楽教材を与えてしまったり，といった弊害が残されてしまう。

　以上のような幼児のための音楽教育における諸問題を克服するためには，子どもの音楽表現の本質について考え直すとともに，音楽という芸術表現自体がもつ特質の再考が必要であろう。とくに第2次世界大戦後，芸術としての音楽の価値観が根本から覆されたことは，ピアノや歌といったクラシック音楽実技中心の保育者養成からの脱却を促す意味でも重要である。本章では第3や第4のタイプの音楽活動――身体表現と音楽づくり――が主流となるような幼児教育の「表現（音楽）」のあり方について提言するため，子どもの音楽表現の本質と現代の芸術音楽の特質の接点を探っていきたい。

　身体表現や音楽づくりを重視した音楽教育として，イギリスやカナダで生まれた「クリエイティブ・ミュージック」という音楽教育がある。次節では，こ

のクリエイティブ・ミュージックの理念を紹介し，幼児教育にもたらす意義を明らかにしたい。

2　クリエイティブ・ミュージックと子どもの音楽表現

（1）クリエイティブ・ミュージックとは何か

　日本の幼稚園教育要領で「音楽リズム」が「表現」領域に生まれ変わるはるか以前から，おとなが既成の楽曲を子どもに押しつけるのではなく，子どもから自発的に生み出された音楽表現をもっと大切に汲み取っていくべきであると提唱していた音楽教育者がいた。カナダの作曲家であるマリー・シェーファー（Schafer, R. Murray）と，イギリスの作曲家ジョン・ペインター（Paynter, John）である。彼らはそれぞれ，1960年代より子どもの創造性を高めるための音楽づくりの教育を実践しはじめた。これが，今日では「クリエイティブ・ミュージック」（creative music）と世界的に広く知られるようになった音楽づくりの教育である。シェーファーの場合は本人が単独で行った実践が多く，その音楽教育実践が後継者によって体系化されることはなかったが，ペインターの場合は，彼が勤務していたヨーク大学を中心に全英200校以上の中等学校が参加した1970年代のクリエイティブ・ミュージックのプロジェクトの実績により，現在ではイギリスの学校音楽教育の「作曲」「演奏」「鑑賞」という3本柱の一つとして，作曲は同国で重視されるに至っている。

　　＊シェーファーは1970年代からは「サウンド・エデュケーション」と呼ばれる実践
　　　に力を入れていくが，この「音の教育」については次節で述べる。

　日本で「作曲教育」といえば，五線譜に8小節や16小節のメロディーを記譜していくような，いわゆる「創作」を思い浮かべることが多いかもしれない。しかし，ペインターやシェーファーが提唱したクリエイティブ・ミュージックの方法では，五線譜を読んだり書いたりできない子どもでも簡単に音楽をつくることができる。というのも，クリエイティブ・ミュージックではいわゆるク

ラシック音楽がモデルとなっているのではなく，第2次世界大戦以降の前衛的な音楽作品の作曲手法が用いられているからだ。前衛的な作品では，作曲家は五線譜に限らず，図形楽譜（グラフィック・ノーテーション）というイラストやデザインで音を表した楽譜に音楽を記してみたり，テープに生活音を録音したものを編集して音楽作品に仕上げたりする。また，ピアノの弦にネジやゴムを挟んで「プリペアド・ピアノ」という普通とは異なる音の出る楽器とし，インドネシアのガムラン（打楽器を主とした器楽合奏）のような響きを生み出すというような，クラシック音楽では考えられなかったような楽器の新しい奏法も積極的に取り入れられている。このような斬新な作曲法は，子どもが遊びのなかで音や音楽を発見し，自由に表現していく感覚に類似している。前衛的な作曲法と子どもの音楽遊びの共通性を感じ取ったカナダやイギリスの作曲家が，子どもを対象に，前衛の作曲家作品の手法による音楽づくりの実践を開始したのが，クリエイティブ・ミュージックなのである。

　クリエイティブ・ミュージックは日本の学校音楽教育にも影響を及ぼしている。1989年改訂の小学校学習指導要領に「つくって表現する」という項が設けられて以来，児童は物語にBGMをつけたり，身体から出る音でボディ・パーカッションを楽しんだりというように，従来のような歌やリコーダーを楽譜どおりに演奏するだけではない，より自由な音楽活動を行うようになってきている。小学校段階においても，このように児童の生活に根ざした音楽表現を見つめていこうとする音楽教育が興ってきているのであるから，ましてや幼児の発達を支援する保育者が，子どもの生活における表現としての音楽のあり方の再考に無関心であってはならないはずだ。

（2）クリエイティブ・ミュージックの「子ども観」と「音楽観」

　では，カナダやイギリスで生まれたクリエイティブ・ミュージックが，日本の幼児教育にもたらす意義とは何であろう。それは，クリエイティブ・ミュージックの「子ども観」と「音楽観」である。

　筆者は『いろんな音をさがしてあそぼう』(2000)という幼児のための音楽

遊びの実践書の最終章において，幼児教育におけるクリエイティブ・ミュージックの意義を，「自由が基本である」「すべての子どものためである」の2点に求めている。第1の「自由が基本である」は，クリエイティブ・ミュージックがただ一つの正解に向かうことを目的としていないという，その音楽観を意味している。鼓笛隊のような保育者主導型の音楽指導では，正しい演奏法を知っているのは保育者で，子どもは何も知らない存在として低く位置づけられる。しかし，クリエイティブ・ミュージックでは手づくり楽器や身の周りにある音の鳴る道具などを素材として音楽づくりを行うため，「正しい奏法」は一つに限定されない。むしろ，音の探求心にあふれる子どものほうが，おとなよりも魅力的な音の出し方を発見することのほうが多い。子どもと保育者が対等な立場で向き合えるのが，クリエイティブ・ミュージックの音楽観の到達点としての，その「子ども観」である。

　第2の「すべての子どものためである」も，クリエイティブ・ミュージックの重要な子ども観である。ピアノの個人レッスンのようなプライベートな音楽教育に任せてしまうのではなく，保育所・幼稚園のような公的な場で集団生活を営みながら，子ども一人ひとりの感性を育てていくことの重要性をクリエイティブ・ミュージックは主張する。クリエイティブ・ミュージックは，一部の子どものための私的な英才教育ではなく，すべての子どもが公的な集団のなかで感性を磨いていくことをめざしている。ピアノを習っている子どもと習っていない子どもの表現では，前者が巧妙で，後者が稚拙というのではなく，それぞれの表現の個性を保育者はみていくべきなのである。このような子ども観がまた，クリエイティブ・ミュージックの音楽観——一人ひとりが個性的であることを表現するための音楽——につながっていく。

　以上のように，クリエイティブ・ミュージックの子ども観と音楽観は表裏一体である。決まりきったクラシック音楽のやり方ではなく，さまざまな音楽様式や奏法の自由な可能性を追求するからこそ，子どもの柔らかな感性を尊重することができる。また，すべての子どものための音楽教育をめざすからこそ，一人ひとりの子どもの表現の意味をつぶさに拾い上げるという音楽教育の理念

第 2 章　子どもの音楽表現の本質

が徹底されるのである。子どもの音楽表現の無限の可能性をまなざすクリエイティブ・ミュージックの子ども観と音楽観が，保育における「表現（音楽）」に示唆するものは大きい。

次節では，クリエイティブ・ミュージックが拠って立つ第 2 次世界大戦以降の前衛的な手法による音楽の美学的特質を考察し，その音楽的価値観が，ひいてはクリエイティブ・ミュージックのポジティブな子ども観を支えていくという理念的つながりを明らかにしたい。

　＊なお，本章においては，第 2 次世界大戦以降の前衛的な音楽を，西洋古典音楽であるクラシック音楽と区別する意味で，便宜的に「現代音楽」「前衛的な音楽」と呼ぶこともある。

3　第 2 次世界大戦以降の音楽作品における表現の美学的特質
―――子どもの音楽表現の本質との共通点を探る

（1）ジョン・ケージが与えた影響

前節で紹介したクリエイティブ・ミュージックが，1960年代という同時期に，前衛的な作曲家によってはじめられたというのは偶然ではない。1960年代といえば，ちょうど当時「現代音楽」と呼ばれていた前衛音楽界で，ジョン・ケージ（Cage, John）による「不確定性の音楽」や「偶然性の音楽」が全盛を迎えていた時期である。米国の作曲家であるケージは，1952年に「4 分33秒」というピアノ作品を発表し，世界中にその名と思想を知らしめた。この作品は，ピアニストがピアノの前に 4 分33秒の間，何もしないでただ座っているだけというものであった。いわゆる楽音としてのピアノ音を鳴らさない奏者に対し，不安になった観衆がざわめく。ケージにいわせれば，コンサート・ホールで偶然聞こえてくるそのようなざわめきこそが「音楽」なのだという。このほかにも，ケージは「チャンス・オペレーション」という，中国の易のような占いによる作曲を行ったり，始まりも終わりも楽器の選択もすべて演奏者の自由に委ねる曲をつくったりした。1 回限りで二度と同じ演奏ができないというパフォーマ

ンスの即興性や偶然性を重視するケージの思想は，後続の作曲家たちに大きな影響を与えた。

　また，楽音だけが音楽ではないというケージの思想は，後にシェーファーの「サウンド・エデュケーション」に影響を与えることになる。シェーファーは現代社会の騒音問題に取り組むためには，音楽教育において「ミュージック・エデュケーション」（音楽の教育）だけでなく，「音の教育」も行うべきであると主張した。音楽における音を，楽音という限定された範囲から，身の周りのすべての環境音へと広げたケージの音楽観は，現代の音楽の無限の可能性を開いていったのである。

　さらにケージは「シアター・ピース」という，舞台で視覚的・空間的に演奏される音楽の実践をとおして，ダンスや演劇と音楽の一体化を図った。音楽表現における身体性の復権や，音楽と他芸術との融合，時空間概念の拡大も，ケージが残した大きな功績である。

　このように，ケージが第2次世界大戦後の音楽に与えた影響は測り知れない。とくに上記の「偶然性の音楽」「楽音の拡張」「他芸術との融合」の3点は，子どもの音楽表現の本質を考えるうえで重要である。というのも，「偶然性の音楽」は子どもの表現における「即興性」と，「楽音の拡張」は「環境音」の導入と，「他芸術との融合」は子どもの表現の「未分化な」状態と結びつくからである。

　本章は，第2次世界大戦以降のケージの影響を音楽学的に論じる場ではないため，ケージの作品の美学的特質のすべてを網羅的に考察することはしない。だが，クリエイティブ・ミュージックが拠って立つ前衛的作曲手法のなかでもケージの独創性は際立っているため，ここでは上述の「偶然性の音楽」「楽音の拡張」「他芸術との融合」というケージの音楽の3つの特質と，子どもの音楽表現の本質との共通性を具体的に論じることで，第2節で検討したクリエイティブ・ミュージックの音楽観と子ども観の理念的つながりをより明確にする。

（2）偶然性の音楽と即興性の重視

　19世紀の欧州における芸術音楽の世界では，作曲家は自らの作品を隅々まで統制するのが通常であった。とくに，19世紀後半にワーグナーが音楽の調性を崩壊して以降，それまでの長調や短調といった全音階に基づく音楽の創造は意味をなさなくなり，作曲家は複雑な計算式によって旋律やリズムを構築しようと努力するようになる。こうした作曲上の厳密さが，音楽的に訓練された聴衆とそうでない者を分け隔て，ついには芸術音楽をごく少数の者が聴くだけのものとしてしまった。このことを憂慮したケージは，音楽を再び，すべての者に解放することを企てた。それが，「不確定性の音楽」や「偶然性の音楽」と呼ばれるケージの音楽である。

　ケージの音楽作品では，音楽の細部を易によって決定したり，演奏形態や曲全体の長さを演奏者任せにしたりしている。このような作曲法は，ケージが作曲家としての自分の存在を作品から消しとってしまうための方策であるといえ，鈴木大拙の禅の思想に傾倒していたケージが，西洋クラシック音楽で天賦の才のもち主のみが音楽を創造できるとされてきた作曲家信奉への明らかな異議申し立てである。ケージ以前には，西洋古典芸術音楽の発展の功罪として作曲家と演奏家の分業化が進み，演奏家にはただ作曲家による楽譜の忠実な再現が求められるという時代が続いていた。作曲と演奏の分断により，演奏家の創造的な即興演奏の力も衰退していた。ケージが音楽に不確定性や偶然性を導入したことにより，演奏者には即興表現力が要求されるようになったのだ。

　ケージが図形楽譜や言葉のみによる指示で演奏者に創造的な解釈を求めたことは，子どもの音楽表現の即興性を考えるうえでも意味をもつ。1970年代初めから現代音楽の教育に携わってきた坪能由紀子は，図形楽譜やインストラクションによる現代音楽の演奏では，楽譜の音に対する束縛力が弱まり，演奏者の創造的役割が大きくなることで，従来の音楽のプロとアマチュアの区別が解消される。そして，アマチュアも技術的な制約にとらわれず，自由な表現を楽しむことができると指摘している（坪能，1975）。坪能が指摘するプロとアマチュアの技術的な差の拡大も，まさに従来の西洋古典芸術音楽の弊害であるとして

ケージは解消した。このように現代の前衛的な音楽の演奏は，技術的な訓練を重ねていない子どもにも，音楽の創造的な役割に参加することを助長するのだ。

　幼児の音楽表現を観察すると，作曲者としての立場と演奏者としての立場の双方を具現しているケースが多々みられる。子どもにとって，自発的な音楽表現は作曲と演奏が渾然一体となったものであり，むしろ自分が知らない作曲家の作品を再現してみることのほうが，生活のなかでのリアリティを得ることが難しいのではないか。鼓笛隊の音楽が「表現（音楽）」の立場からは不自然にみえるのは，このような演奏者と作曲家との埋めがたい距離が原因ともいえるだろう。

　ケージが後の現代音楽に影響を与えた「偶然性の音楽」は，完成された作品よりも，演奏の「プロセス」を重視していく点でも，子どもの即興表現と共通する。イギリスの音楽教育者であるリチャード・アディソン（Addison, Richard）は，集団で即興表現を行う長所として「社会的相互作用」「教師と子どもの関係」「信頼関係の構築」「舞踊や演劇といった現代芸術との関連」に資する点を挙げている（Addison, 1988 : 266）。子どもの音楽表現が即興的であり，一回限りのものであることから，保育者は子どもが伝えようとしていることを敏感に感じ取り，反応していくことが欠かせない。同じくイギリスの音楽教育者スーザン・ヤング（Young, Susan）は，ちょうど音楽療法でセラピストと子どもの関係が双方向的であるのと同じように，保育者が子どもの音楽表現に働きかけることにより，その表現が深まっていくと指摘している。それにはまず，保育者は子どもの音楽表現に耳を傾けることだ。子どもの音楽表現のプロセスを「聴くこと」こそが，子どもの発達を支える確かな支援であるという（Young, 1995）。ヤングが勧めるように，保育者と子どもが創造者・演奏者・聴取者の役割を重ね合いながら双方向的にかかわることは，まさにケージの不確定性の音楽から出発した作曲者と演奏者の乖離の解消と共通性をもつ実践なのである。

（3）楽音の拡張と環境音の重視

　ケージによる偶然性の音楽は，私たちが音楽を「聴く」態度の再考を促した。ケージが唱えた「聴取の転換」は，彼が「4分33秒」において，コンサート・ホールの観衆のざわめきこそが「音楽」であると考えた思想の革新性に現れている。ちょうど美術でいえば「図」と「地」の転換のようなことをケージは考えたのだ。これまで，私たちは音楽の「図」の部分だけを重視し，その周りにある「地」を聞き逃してきたのではないか，というのがケージが発するメッセージであった。ケージは西洋古典芸術音楽に対峙するため，音楽を楽音のみで構成するのではなく，「楽音の拡張」を図り，環境音やプリペアド・ピアノのような楽器の新しい奏法を積極的に取り入れようとしたのである。

　ケージに先駆けて，生活のなかの具体音を音楽に取り入れたグループも存在した。たとえば，20世紀初頭にイタリアで楽音と騒音の対立を超えようと試みた「騒音主義」がある。ルイジ・ルッソロ（Russolo, Luigi）による騒音主義は，当時の文明，とくに機械の美しさを認めていこうとするもので，楽音と機械音を等しく価値のあるものとして扱おうとした。また，フランスのエリック・サティ（Satie, Erik）は「家具の音楽」，すなわち家具や壁紙のように誰からも意識されない音楽を考案し，コンサート・ホールに閉じ込められた音楽を再び日常的な空間に解放しようとした。第2次世界大戦後は，フランスのピエール・シェフェール（Schaeffer, Pierre）が「ミュージック・コンクレート」（具体音楽）を創始した。シェフェールは汽車の音や人の声，楽器音などを電気的に変調して音楽作品とし，楽音も生活のなかの具体音もともに作曲の対象として客体化しようとした。ケージによる楽音の拡張は，こうした20世紀の芸術思潮の延長上にあるものであり，音楽がコンサート・ホールで演奏される楽音だけにとどまらないとすることは，西洋古典芸術音楽に対する20世紀以降の音楽美学のプロパガンダであった。

　では，このような「楽音の拡張」は，子どもの音楽教育にどのような意味をもつのであろうか。環境音の教育を試みた者に，先述のカナダの作曲家シェーファーがいる。音楽学者の鳥越けい子は，楽音の拡大は「『音楽』そのものを

「芸術」の制度のなかから日常生活の環境へと拡大させていくことを意味している」という（鳥越，1997：44）。ケージは作曲を行うことで聴取者が生活そのものに目覚めるよう試みたが，シェーファーはさらに音楽家が現実社会の音環境とのかかわりをもつことを推し進めたという。

　ケージの場合，楽音の拡張はあくまでも彼の音楽作品のなかで体現されていたが，シェーファーは「サウンド・エデュケーション」という形で子どもたちに環境音の教育を行った点が注目される。「5歳のこどもにとっては，芸術は生活で，生活は芸術です」とは，シェーファーの言葉だ（シェイファー，1980：22）。子どもにとって音楽は生活そのものであるのだから，子どものなかでは楽音と身の周りの音は峻別されていないはずだ。身体から出る音も，ピアノの探り弾きも，手づくり楽器の音も，子どもにとってはすべて対等である。

　1998年に筆者が参加した兵庫教育大学と附属幼稚園の連携による幼児の表現教育のプロジェクト（森岡ほか，1999）では，製作コーナーで子どものマラカスづくりの観察を行った。子どもにとっては，マラカスをつくる造形も，できたマラカスによる音楽遊びも，友だちのマラカスに反応して身体表現することも，皆活動が一体となっている。筆者が弾くピアノの既成曲に合わせて園児たちはマラカスで遊んだが，この時も，園児はピアノよりもマラカスから出る音に夢中であった。保育者の話によると，マラカス遊びを行ってから，園児たちは幼稚園内のさまざまな環境音にも耳を傾けるようになったという。水の音，ウサギコーナーの音など，園内には生活の音が溢れている。ケージらによる楽音の拡張は，子どもの音への関心が，楽音にとどまらず，環境音にも広がっていることと共通している。保育者は幼児のための音楽教育において，子どもが楽音と環境音の双方に対する感性を等しく養っていくよう，支援を行っていくことが大切であろう。

（4）他芸術との融合と時空間概念の確認

　最後に，子どもの音楽表現とかかわる現代音楽の美学的特質として，ケージのシアター・ピースの意義について考えたい。「シアター・ピース」は「劇音

楽」と訳されるが，オペラにおける演劇と音楽の一体化や，バレエにおける舞踊と音楽の組み合わせよりもさらに幅の広い表現である。ケージにとっては，音楽はただじっと座って聴くものでなく，視覚的にも感じとることのできるものであった。そのため，演奏者の動きを中心にした舞台上演用の視聴覚パフォーマンスとして，身振り・台詞・動作・環境音などが渾然一体となったシアター・ピースを創造した。古代の宗教的儀式や呪術においては，音楽と言葉，舞踊は一体となっていた。ここでもケージは，西洋古典芸術音楽の束縛から解放されるため，他芸術と融合することで，音楽に元来備わっていた力を回復しようと試みたのだ。

イギリスのペインターは，演奏会という形の音楽が比較的新しく，原始的な表現では言葉と身振りと音楽は切り離されておらず，生活にとけこんでいたとしている。そして，クリエイティブ・ミュージックの総合的実践として，子どもによるシアター・ピースの創造を提唱している（ペインター＆アストン，1983）。シェーファーも，環境をとらえるためには五感すべての働きが重要であるのに，触覚，嗅覚，味覚が軽視されてきたと指摘し，マルチメディアによる芸術表現を子どもに教えることを勧めている（シェイファー，1980）。子どもの音楽表現においては，音と身振り，言葉は渾然一体となっている。子どものなかでは表現とは音楽・ダンス・国語という区切りで分かれていない。子どもにとって，表現とは未分化な状態なのである。

幼児の音楽教育の研究者である前田真由美は，既存の音楽を再現するだけの音楽表現に疑問をもち，子どもの即興的な創造的表現を促す実践を行い，観察を行っている。そのなかで，「雨」の音をつくろうとしている子どもが，周りの子どもの身体表現をヒントに雨の音をつくりだしていく様子や，また雨の音の身体表現に続く活動として行われた「水たまり」の表現では，水たまりを鈴の音でどう表現していいか困っていた子どもを，周りの子どもが集団的な身体表現やオノマトペ（擬音語）で支えながら表現を高めていった様子が報告されている（前田，2004）。前田による実践と分析は，私たちに，ここまでみてきた「即興性」「環境音の重視」「他芸術との融合」のすべてが子どもの音楽表現に

含まれていることを教えてくれる。

　イギリスの音楽教育者パメラ・バーナード（Burnard, Pamela）は，子どもの即興と作曲を「時間」「身体」「関係性」「空間」という4つの視点からとらえようとしている（Burnard, 2000）。子どもにとって音楽を表現するということは，生活のなかで日常的に感じている時間・自分の身体・他者との関係性・空間を再確認していく行為なのである。シアター・ピースのような他芸術と融合した音楽表現は，生活における音楽と身振り，言葉との深い関連性をおとなにも思い出させてくれる点で貴重である。他芸術との融合を図ることにより，私たちは音楽表現が本来もっている時空間感覚の再確認という機能を再び意識化することができる。

　以上，クリエイティブ・ミュージックが拠って立つ第2次世界大戦以降の音楽と，子どもの音楽表現の共通性を明らかにしてきた。両者が「即興性」「音概念の拡大」「表現の未分化と時空間感覚の確認」という3点において共通していることは，保育者が子どもの音楽表現を支援していくうえで示唆に富んでいる。保育者はこの3つの観点に着目することにより，芸術としての音楽の本質を知ると同時に，子どもの音楽表現を深めることができるだろう。

　本章で取り上げたクリエイティブ・ミュージックの音楽観を追究しても，またその子ども観をつきつめても，たどりつくのは実技中心主義の音楽指導ではなく，子どもの音楽表現活動を主体とした「表現（音楽）」であるということを最後に強調しておきたい。音楽教育における音楽観と子ども観は理念的につながっているからこそ，保育者は音楽についても子どもについてもトータルに見つめていくことが肝要なのだ。本章のささやかな考察が，音楽サイドから幼児の音楽指導にかかわる教育者と，保育サイドから幼児の表現にかかわる保育者の双方に，子どもの音楽表現の本質について再考する契機を与えるようになれば幸いである。

第 2 章　子どもの音楽表現の本質

> **学習課題**
> ○「保育者主導型」の音楽教育と「子どもの音楽活動中心型」の音楽教育の違いを整理しよう。
> ○クリエイティブ・ミュージックの子ども観と音楽観についてまとめてみよう。
> ○現代音楽を実際に聴き，子どもの音楽表現との共通点を確かめてみよう。

参考文献

大場牧夫『表現原論――幼児の「あらわし」と領域「表現」』萌文書林，1996年。

グリフィス，ポール，石田一志・佐藤みどり訳『現代音楽――1945年以後の前衛』（*Modern Music : The Avant Garde Since 1945*, 1981）音楽之友社，1987年。

小泉恭子『いろんな音をさがしてあそぼう』明治図書出版，2000年。

阪井恵・嶋田由美・奥村正子・小畑千尋・今川恭子「座談会：保育者としての専門性のために音楽的な視点から育成すべき力とは」日本音楽教育学会編『音楽教育実践ジャーナル』第2巻，2004年。

シェイファー，マリー，高橋悠治訳『教室の犀』（*The Rhinoceros in the Classroom*, 1975）全音楽譜出版社，1980年。

柴田南雄『西洋音楽史――印象派以後』音楽之友社，1967年。

スミス-ブリンドル，レジナルド，吉崎清富訳『新しい音楽――1945年以降の前衛』（*The New Music : The Avant-garde Since 1945*, 1975/1987）アカデミア・ミュージック，1988年。

坪能由紀子「現代音楽の実験的試論――不確定性音楽を通して」『季刊音楽教育研究』第4号，1975年。

鳥越けい子『サウンドスケープ――その実践と思想』鹿島出版会，1997年。

ペインター，ジョン＆アストン，ピーター，山本文茂・坪能由紀子・橋都みどり訳『音楽の語るもの――原点からの創造的音楽学習』（*Sound and Silence*, 1970），音楽之友社，1983年。

前田真由美「子どもの音楽表現とその意味――年長児クラスでの実践の分析を通して」日本音楽教育学会編『音楽教育実践ジャーナル』第2巻，2004年。

森岡茂勝・名須川知子・小泉恭子・喜瀬泰江・井上千恵子・上月康代・上中修・岩谷恵利子・岸本美穂子・小林みどり「幼児の感性に関する系統的教育内容の研究――音づくりを中心とした製作」兵庫教育大学学校教育センター編『学校教育学研究』第11巻，1999年。

Addison, Richard, A new look at musical improvisation in education, *British Journal of Music Education*, 5, Vol. 3, 255-267, 1988.

Burnard, Pamela, Examining experiential differences between improvisation and composition in children's music-making, *British Journal of Music Education*, 17, Vol. 3, 227-245, 2000.

Young, Susan, Listening to the music of early childhood, *British Journal of Music Education*, 12, Vol. 1, 51-58, 1995.

（小泉　恭子）

第 3 章 乳児の音楽表現

　ここでは，誕生から3歳未満の乳児がどのような音や声の世界とかかわりをもって生活しているのか，またそれらの音や声とのやり取りのなかで何を表現しようとしているのか，ということについて述べる。
　乳児は生後間もなく産声をあげ，その後空腹時に泣き，不快な時にも泣く。こういった本能的に出す声は，表出であり表現ではないとして，表現と表出を区別する考え方もある。しかしながら本能であっても，あるいは意志をもっていても，子どもから発せられる声のサインは生まれた時の産声から始まっている。
　われわれおとなは乳児から発せられる表現をきちんと受け止め，こころを通わせていかなければならない。そのため乳児のささやかな表現の芽生えにどのようにして気づき，どのように受け止め，育んでいったらよいかについて考えていく。

1　発達と表現

(1) 音や声を聞く

　子どもは産まれながらにして，すでに音や声を聞く力をもっており，身体を動かしている時に手を叩いたり，ベルを鳴らしたりすると，その音に気づいて身体の動きを止めるなどの行動がみられる。ここで事例を通して，生活のなかの音や人の声を聞く子どもの姿を確認していく。

> **事例1　A児（1か月）**
>
> 　A児は，布団の上で機嫌良くすごし，母親は洗濯物を干すため様子を見ながら，A児がいる部屋を繰り返し行き来する。しばらくして不機嫌そうな声を出し始める。A児は母親の足音等で母親がくる気配を感じるのか，近寄ると泣き声は落ち着き，離れると泣き声が激しくなる。そのうち，泣き声はさらに激しくなるものの，A児に近づくとやはり泣き声が落ち着く。抱き上げるとすぐに泣きやみ，母親の腕のなかで胸にくっつくように抱かれる。　　　　　　　　　　　　　　　（2004年1月）

　毎日母親がA児の寝ている布団の横を繰り返し行き来することはあったが，A児がこのような行動をしたのは生後1か月を迎えてからであった。A児は自分のすぐ近くに誰かが存在していることを，繰り返し行き来する足音で気づき，その距離感をわかっているかのようである。それと同時にA児は甘えたい欲求から人との接触を求めていると考えられる。

> **事例2　A児（2か月）**
>
> 　父親がA児を膝の上に載せて抱っこしながら「Aくーん，Aくんですかぁー」と話しかけると，ニコニコした表情で「あー，あーぅ…あーぅ」といかにも話したことに応えるように，顔を近づけるような感じで声を出す。A児の声が止むと父親は「そうなんだ，そう……」と再び声をかける。A児は「あー，あーぅ，あーぅ，う～ん……」と先程より長く声を出し，父親に話しかけるような表情である。父親は「そう、お話してくれるの，そう，嬉しいな」とA児にいうと，「あー，あーぅ，はっはっ……」と楽しそうな笑顔を見せる。　　　　　　　　（2004年2月）

写真3-1　父親に話かけるA児（2か月）

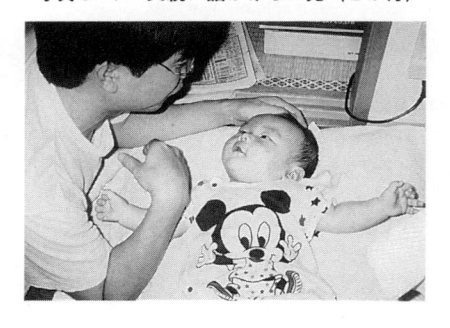

　この場面は，静かな夜の落ち着いた雰囲気のひとときであり，毎日ある風景であった。A児はこのようなかかわりの積み重ねによって成立している父親との心地よい関係のなかで，心地よい語りかけを聞き，気持ちよく声を出すという行動を生み出しているのだろう。

乳児期の子どもは，毎日の生活のなかで初めて聞く音にドキッとしたり，聞いたこともない人の声に不安を感じるなど，つねに初めて経験する音や声に出会っている。その積み重ねのなかで，子どもは身近に感じる音や人の声，あるいは心地よく感じる生活の音や人の語りかけ等を感じて，生活する上での安心感へとつなげていくと考えられる。このように「音や声を聞く」ということは，自分の身近な環境を知る手がかりを得ることであり，ことに新生児にとっては音や声を聞くことによって得られる情報の比重は高いと思われる。

子どもが心地よく生活を営んでいくことを保育の出発点とするならば，毎日の生活のなかで，子ども一人ひとりの耳に届く音の質の良さが大切になる。

（2）表現の芽生え

まず，ここでいう「表現の芽生え」の表現とは何かについて明らかにする必要がある。生理的な表現としての「表出」と意志をもった「表現」に分けて考える論もあるが，受け止める保育者にとってはどちらであっても，かかわり方には違いがない。したがって，ここではこれらすべてを「表現」としてとらえることにする。よって「表現の芽生え」とは，生まれた直後からの子どもから発せられ表されたものすべてをいう。

では，乳児は「表現の芽生え」をどのように表しているのか。たとえば「声」ひとつをとってみても，内面状況によって高低・強弱等の抑揚が見られたり，リズムに変化が見られたりする。また，身体の動きや表情も同様である。「表現の芽生え」とは，これらすべて絡み合ったささやかな表現であるかもしれないが，それらすべてを受け止め，かかわるおとなは総合的にとらえて，丁寧に読み取っていく作業をしていくことが何より大切であろう。このことに関して，2つの事例を紹介しよう。

事例3　A児（10日目）

夜中の3時頃，「んぎゃー，んぎゃー」と急に火がついたように大きな声で泣き出す。まだ授乳にしては間隔が短く，オムツも替えるがその泣き方は変わらない。抱っこをして「どうしたの，大丈夫？」と声をかけてゆっくりと揺らす。そして抱

き直そうとしてA児の身体を立てるとピュッと吐乳して咳き込んだ後，大きなげっぷが出る。すると抱っこされたまま再び眠ってしまう。　　　　　　　（2003年12月）

写真3-2　ミルクを飲むA児

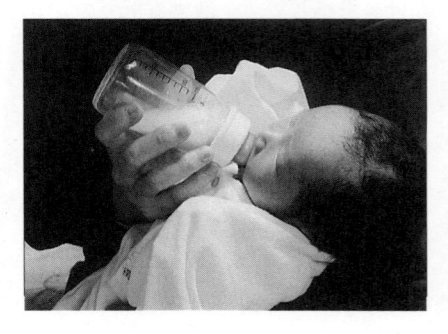

　A児は授乳後のげっぷを出せずに，このような場面になることがよくあった。自分ではどうすることもできずに，かなり不快であることを，突然火がついたような「泣く」という行動で思わず表したといえるだろう。一方，母親は急変したA児の様子や表情，泣き方などを見て不快を表したことを感じ取り，その不快の原因を取り除こうとする最も身近なおとなとしてかかわっている。

事例4　A児（21日目）

　母親がA児をお風呂に入れる。「Aくーん，ボチャボチャ入ろう」と声をかけながら，A児の身体を仰向けにして衣類を脱がし始める。A児は両足を曲げ伸ばしてバタバタさせて「んっ，んん…」と喜ぶような弾んだ声を出す①。このA児の動きや声に母親は「そうね，早く入ろうね」等と声をかける。湯船に入ると今までバタバタさせていた手足の動きがぴったり止まり「あ〜…，う〜ぅ…」とリラックスしている気持ちよさそうな声②を出し，表情も気持ちよさそうに目を閉じている。身体を洗いお湯につかっている間も同じような声を出すが，お湯から上がり身体をタオルでくるむと「んっん…ああ〜ん，ああ〜ん」と不満気に怒ったように③泣き出す。　　　　　　　　　　　　　　　　　　　　　　　（2004年1月）

　ここでA児の声の出し方や様子に注目すると，3カ所の場面で声を出していることが確認されている。この時，①は喜んでいるような声，②は気持ちよさそうな声，③は不満気に怒ったような声，といえる。これは，A児の内面変化によって異なる抑揚やリズムをもつ声がそのように感じられる大きな要因であろうと考える。それに加えて，その時のA児の表情や身体の動き，前後の状況変化などを含めて総合的にとらえた結果である。

このようにみてくると、改めて小さいながらに積極的に表現しようとする子どもの力や姿勢に驚かされる。だからこそ、これらにきちんとした姿勢でおとなもかかわっていきたい。

写真3-3　風呂上りのA児（21日目）

（3）うたい始めるまでの身体表現

　乳児の産声に始まる声の表現は、歌になるまでにさまざまに変化する。またその過程には、声による表現ばかりではなくその他の身体による表現や表情や行動のすべてが総合的に含まれている。ここでは音楽的な刺激に対して、乳児が喜んで手足を動かすといった反応について詳しく述べていく。

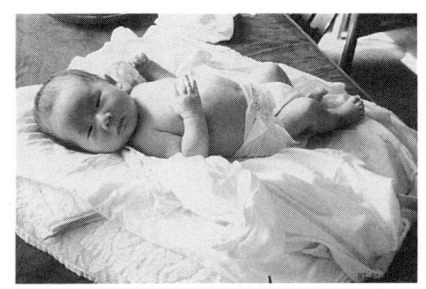

　乳児はそれぞれの身体的発達段階において、身体の使えるところをすべて使って表現している。たとえば仰向けに寝ている子どもは歌声のする方や音のする方を見て、手足をバタバタさせる。腹ばいで寝ている子どもは、そのままお尻を持ち上げてリズミカルに動く。座れるようになると両手をパチパチ叩くように合わせたり、身体を前後に揺らしたりする。膝立ちができるようになると、膝立ちのままで身体を揺らす。その膝立ちが長い時間うまくバランスをとっていられなくなると、腹ばいになってお腹を中心にクルクル回ったりして楽しさを全身で表現することもある。つかまり立ちできる場合は手がふさがっているので、足を屈伸させてリズムをとる。立つことのできる子どもはその場で膝の曲げ伸ばしをしたり、上半身を揺らす。歩くことのできる子は両手を上げて踊るなどの表現をする。

　以上のように音楽的刺激に対する身体の反応は多様であるが、主な身体表現を次の6つのカテゴリーに分類することができる。

　①　身体を上下に揺らす。立位の場合は膝を屈伸させる。
　②　身体を前後に揺らす。
　③　身体を左右に揺らす。

④　その場で足踏みをする。足を踏み変えて重心移動するものも含む。
⑤　その場でクルクルまわる。
⑥　その他の身体の動きによる表現

　以上，さまざまな身体の動きは，歌や音楽を聞いて嬉しさを感じた子どもたちや，一緒にうたいたいが，まだうたえない子どもたちの精一杯の音楽表現である。子どもはある日突然にうたい出すのではなく，歌を聞き，リズムを感じる「溜め込みの時期」があるのだ。子ども一人ひとりが，好きで得意な動きで，個性豊かに全身を使ってうたい出す準備をしている。まだ言葉を充分に獲得できていない乳児が，好きな音楽や歌の刺激に対して，満面の笑みをたたえて全身を揺らしてその楽しさを表現している。これはまさに音楽のもつ根源的な力によるものである。こういった笑顔を見ていると，子どもの心の動きに与える音楽の影響力の大きさを，誰でも強く感じるのではないだろうか。

　もちろん子どもたちの表現はそれが単独で存在するのではなく，子どもが楽しそうにしている様子を見まもりながら，楽しさを共有している保育者の存在とともにある。

2　乳児のうたい始め

（1）声の表現と模倣

　乳児は，言葉を発し始めたり，歌をうたい始めたりする頃よりも早い時期から周囲を良く見つめ，言葉や歌を聞き取り，模倣を試みている。実によく周囲の物や人を見ていて，保育者が歌をうたうとその目や口元をじっと見つめている。

　見つめる，あるいは泣く，笑うなどの行動は，人とのかかわりの基礎である。見つめることは乳児と母親にとって，最初の重要な相互作用の方法であり，保育所等においては同様に，乳児と保育者の重要なやりとりの手段である。乳児は保育者への愛着，信頼を拠り所に，外界認知を広げていく。そして日々の保育者とのやりとりのなかで自己認識を発達させていく。見つめることは乳児に

とって外界認知，自己認識の第一歩といえるだろう。

　乳児は身近なおとなや子どもの様子をよく見た後，模倣を始める。切替一郎らは生後6～7か月を過ぎた喃語期に続く時期を，音の模倣期と名づけている（岩淵ほか，1968）が，知能，感覚，運動などの機能が活発に外界へ向けて発揮される時期である。ここでは筆者の観察した6か月の乳児の声の模倣事例をあげる。

事例5　B児（6か月）C児（5か月）

　ミルクを飲んだ後の機嫌のよい時間なので，B児（6か月）とC児（5か月）をベッドから降ろし，乳児保育室の床に，それぞれのマットに寝かせている。そこで保育者はB児のマットをC児と顔が見合えるような，つまり視線が合うような位置に置き直した。
　B児はC児が見えたので笑いかける。またC児が泣くと同じような声を出す。C児の方もB児の「うーあー」という声を聞いた後，それと非常に似た音質の声で模倣して答え，二人は呼びかけあっているようである。　　　　　　（2000年8月）

　見つめ合って，模倣した声を出し合い笑い合っているこの二人を見ていると，「楽しいね」とその時を共有し，共感している心をまさしく「表現している」と思えてならない。この事例では静かな空間に暮らしているため，お互いの声が聞えたのである。共感する心を育てるには静かな時間や場所も必要となることがあるという一例といえよう。

　よく見て模倣すること，つまり自ら学ぶ意識行動は，人類に普遍的なものであると原ひろ子は述べている（原，1979）。なぜならヘアーインディアンの人々の文化には「教える」とか「教わる」という概念がまったくないのだそうだ。彼らは何でも人がやっているのを見て，まねて自分のものにして生活しているというのである。

写真3-4　模倣して声を出す11か月女児と5か月女児

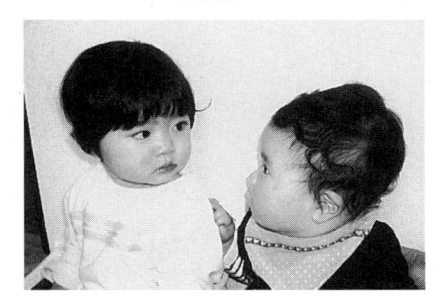

生後間もない乳児の驚くべき「よく見て，模倣する力」を支え伸ばしていくことは，非常に大切なことである。それは表現の多くが見て聞いて感じて認識してから模倣することによって獲得できていくからである。

（2）どのようにうたい始めるか

　クーイングやバブリングと呼ばれる音声表現から始まった喃語(なんご)は，やがて言語になったり，歌になったりしていく。乳児はいったいどのようにしてうたい始めるのだろうか。

　マザリーズ（母親語）と呼ばれる母親の乳児への言葉かけは優しく，抑揚がついて，話し声より高めの声であることが多い。たとえば「どうしたの？」という一言を考えても，母親が乳児に話しかける時と，夫に話しかける時では声の高さも感じも違うだろう。この問いかけに乳児は答えようとして声を出しているようにみえる。あたかも会話をしているようでもある。母親のマザリーズを模倣しようとして声を出しているのかもしれない。ともかくこうして乳児は歌の獲得へ向けての第一歩を踏み出しているのである。

　では，乳児の音声表現が徐々に歌らしくなっていく様子を，表現の獲得順にしたがって4段階に分けて述べていく。

　第1段階：まず初めに乳児が喃語を話すころにも，喃語と呼ぶにはあまりにも美しい抑揚のついた声を出すことがある。これは歌詞もなく音程もはっきりしない抑揚のついた声のことである。歌の原型がここにある。

　第2段階：その後既成の歌をおとながうたっている時，その一部だけを一緒にうたうようになる。まだ一人でメロディーをうたうことはできないが，心のなかではうたってくれているおとなと一緒にうたっているため，たとえば「ちゅうりっぷ」の「さいたーさいたー」の「たー」のところだけを合わせてうたう段階をいう。

　第3段階：既成の歌の一節をうたい，聞いているおとなに何の歌をうたおうとしているかがわかるようになる。たとえば「ちょうちょ」の歌で「ちょうちょ」とだけうたうようなものである。

第 3 章　乳児の音楽表現

第 4 段階：気に入った部分や，覚えやすい部分からうたい始めたものが，やがて既成曲をほぼ 1 曲全部一人でうたうようになる。

獲得順には加えないが，さらにひとりでうたえるようになった後にも，多くの子どもが即興的に既成曲の一部を取り込むなどして，つぶやき歌（第 4 章 49 頁参照）を盛んにうたう時期がある。

では次に乳児はどのような歌からうたい始めているのか，ということを考えてみる。これについては，日本語の抑揚に添ったわらべうたのようなうたい出しの曲（レドラドレ）からうたい始めるという説もあるが，今までの筆者の観察研究（細田，2003）によれば「ちょうちょ」や「アイアイ」などのように「ソ→ミ」という音の曲からうたい始める子どもが多い。「ソ→ミ」という音から始まる点はカール・オルフ（Orff, Carl：ドイツの音楽教育家　作曲家1895-1982）の「子どものための音楽」のドイツ語の歌の導入と一致している。つまりうたい始める歌は，母国語によって決まるというよりは，身近な保育者が一番多くうたい聞かせてくれ，耳に馴染んでいる歌だと考えられる。

以上のように乳児は少しずつことばやメロディーを身に付けていく。その歌の始まりを支えているのは，一緒に声を出し，楽しさを感じあうことのできる人間関係である。そこに表現を受け止めてくれるおとなや，その時を共有したい仲間がいることがとくに重要な要素である。

（3）うたうことで育つもの

「うたう」ことの出発点は「声を出す」ことである。その子どもの「声」を身近なおとなが丁寧に受け止め，かかわっていくことによって，どのような子どもの姿がみえてくるのだろうか。ここではうたう子どもの事例を通して，何が内面に育まれているのかを考えてみる。

事例 6　絵本「うたえほん」を通して（2 歳児クラス）

絵本「うたえほん」をD児が棚から取り出し，テーブルにおいて座る。はじめは一人で本を開いて見ながら，まわりに聞こえない小さな声で掲載している曲を次々とうたう。それを近くでままごと遊びをしていたE児が気づいて，D児の隣に座り

一緒にうたい出す。するとD児の歌声ははっきりと大きくなり，時折E児と視線を合わせてニッコリ笑う。さらにF児，G児，H児もやってくる。そして絵本を持つD児を囲んで，一緒にうたい始める。F児は人形を抱いて揺らしながらうたい，G児は右手をあげてリズムをとり，H児はまわりの友だちより一段と大きな声でうたう。さらにそれを見たI児は，じっとうたっている友だちの様子を嬉しそうに見ている。このような風景が最後まで続き，うたい終わるとE児が「はい，おしまいっ！」と言ってみんなの笑い声が聞こえる。　　　　　　　　　（2005年7月）

　D児は初めは小さな声でうたっていたが，E児が一緒にうたってくれたことで，歌声がより大きくなっている。これはE児が肯定的な行動で受け止め，自分の存在を認めてくれたということをD児なりに感じた結果であろう。

　またこの絵本は以前からよく保育者と一緒に見たり，うたうことをくり返し，次第に子どもだけで覚えた部分をうたったりしていた。D児がうたい始め，E児が加わり，そしてまわりの友だちへと広がっている。子どもたちは，友だちと一緒にうたう心地よさや楽しさを共有して，それらを魅力的に感じた子どもが加わり，心の響きあいが広がる場面を楽しんでいると考えられる。I児もうたってはいないが，一緒にうたう楽しい時を共有しているといえる。

　では，この事例の場面で子どもたちに何が育っているのだろうか。ひとつは，自分の存在を自分自身が肯定的に認識できていることである。「うたう」という行動は，音楽やリズムにのせて自分自身のもつ声を出して楽しむ表現である。特に乳児の場合，自分が身近に使える手段である「声」により，外界に向かって自分を出す行動といえる。つまり，「自分が今ここにいる」という自分の存在を肯定的にとらえているからこその行動であり，身近な人がそれを受け止めてくれることでさらなる自信や満足感を得るのではないかと推測する。その根底には，情緒の安定が深く関係してくる。乳児が「ありのままの自分を安心して出してよい」ことを，身近なおとながかかわる生活のなかで，身体や心で繰り返し感じていくことが重要であると考える。

　もうひとつは，人とのつながりの心地よさを感じることである。「うたう」ことは，一人で楽しむこともできるが，何人かで声を合わせることで，また別のまわりの人とつながりをもつことの嬉しさを感じることができる。乳児の場

合，保育者と一緒にうたうことが多いが，事例のように友だち同士でうたう場合も保育所などではよく見られる。そして同じ歌を一緒にうたうことで，友だちと共に存在することや，一緒に何かをすることの楽しさや心地よさを感じる気持ちを育んでいるのだといえよう。

3 乳児の表現をどう受け止め育むか

（1）わらべうたからうたい始める意味

　乳児はどのような歌からうたい始めるのが良いのだろうか。やさしい歌から始めるのが良いだろう，とは誰もが考える。しかしながら，何がやさしいのかというと，難易を決める要素には「歌詞」「音域」「リズム」などがあって，一概には決められない。

　たとえば誰もが知っている「ぞうさん」の歌詞は，「ぞうさんお鼻がながいのね」というわかりやすい歌詞である。しかし，うたう音域をみると，ヘ長調のファの音から始まり，低い音はその4度下のドの音になる。高い音は，6度上のレの音まで実に1オクターブ以上の広い音域でうたう歌なのである。

　そこで逆に音域の狭い歌をあげてみると，わらべうたの「お寺のおしょうさん」や「おせんべやけたかな」は，ドとレのわずか2つの音だけでうたえる歌である。音域からいえばやさしいのはわらべうたの方である。そもそもわらべうたは，子どもが何か唱えながら遊んでいたその日本語に抑揚がついて，メロディーになったものである。つまり，西洋のドレミファソという音階を基にして曲を作ったものとは，曲の成り立ちがまったく違う。

　うたうことの基礎力としては第1に音程をしっかりとることがあげられる。その意味で歌の導入期にわらべうたをうたうことで，隣の音と行ったり来たりしてドとレの音程をきちんとうたえるようにしておくことは，意味のあることである。また，音程をとることに自信のないおとなにとっても，音域が狭く，音の数も少ないものが多いわらべうたは，安心してうたえる歌だといえる。

　基礎力の第2はリズムである。リズムの基本は拍子に同期できる力である。

つまり拍子に合わせて手拍子を打ったり，声を合わせることができる力のことである。わらべうたのなかには遊ぶ時に「おせんべやけたかな」などのように拍子に合わせて遊ぶものが数多くある。

　わらべうたは作詞作曲者が不明で，昔から口伝により伝承されてきたもので，遊んでいた子どもが唱えていたことばが歌になっている。つまりあそびから生まれたものだから親子でスキンシップをはかることができる。でもそれだけでなく，以上のような音楽的な理由からも，わらべうたは乳児期にぜひうたいたい歌である。けっして今の時代には合わない古い歌ではないのである。昔のように異年齢集団や子守の祖父母から孫へ自然に伝わるということは望めなくなっているため，心がけて保育現場や育児支援の場から伝え続けていきたいものである。伝えていきたいわらべうたとしては以下のものをあげることができる。

　　「ずいずいずっころばし」「なべなべそこぬけ」「かごめ」
　　「はないちもんめ」「あぶくたった」「ちゃちゃつぼ」
　　「お寺のおしょうさん」「おせんべやけたかな」など
　　他にその地方に伝わるわらべうた

(2) 乳児にふさわしい音環境

　現代の日本では，とくに都市部において人工的な音が氾濫している。たとえば家の前の道路から自動車の音が聞こえたり，場所によっては工事の騒音や救急車のサイレンが鳴っていたりする。横断歩道にはなぜか「通りゃんせ」のメロディーが途中まで流れ，雑居ビルでは店ごとにBGMを流しているため店の外ではいくつもの曲が重なり合っている。電車のホームで繰り返されている「電車がまいりますので白線の内側へお下がりください」などのアナウンスにも人々は慣れ過ぎてしまって，騒音とは思わなくなっている。

　保育所のなかではどうであろうか。子どもの歌声，元気に遊ぶ声や走り回る音だけではなく，泣き声や喧嘩の声，保育者が子どもを呼ぶ大声，さまざまな音や声が保育室の壁を越えて響いている。家庭のなかでも乳児が目覚めた時にはテレビからの音が途切れず出ており，台所からは各種の電気器具のスイッチ

の「ピッ」「チン」という音が聞える。子どものおもちゃにも、電池を入れるといろいろ音や声が出て動く仕組みのものが増えている。1日中音のなかにいる子どももいるであろう。

　乳児期の子どもの様子をみていると、まず初めに音や声をじっとよく聞いて、そのあとで自ら物まねして音や声を出そうと試みているようである。聞いて味わったり感じたりする経験なしに、表現は生まれてこないといえる。ということは、子どもたちが感じて心を動かされるような音を聞く体験が必要だということである。つまりかすかな音でも聞える静かな空間や時間が求められるのである。

　しかしながら個人の力で簡単に変えられるものと、そうではないものがあることは自明である。乳児にとってより良い音環境をつくるために、私たちおとなが心がけることで変えられることにはどのようなことがあるだろうか。

　まず初めに自分自身のまわりの音環境を客観的に判断してみよう。そして騒がしいと感じたら、そう認識しただけでも少しは変化するに違いない。また子どもの傍を歩く時の足音を小さくしたり、子どもを大声で呼ばずに近くまで行って話しかけたり、CDなどの音量を小さくしてみたり、といったことができそうである。また子どもとともに「耳を澄ます経験」を積むために「あら、なんの音かしら？」「雨の音が聞こえるね」「あら、小鳥さんの声聞こえるけれどどこからかしら？」などといった言葉かけも有効である。

　6か月の乳児による声の模倣事例は前述したが、あの［事例5］も二人がお互いの声を聞き合える静かな時間と空間があったからこそできたことである。まずは、落ち葉を踏みしめる時の「カサッ、カサッ」ということを聞くこと、どんぐりの落ちる「ポトッ」という音、冬の北風の音、霜柱を踏む「ザクッザクッ」という音、近くに小川があれば水の流れる音、など自然の音に耳を傾けてみたい。そして音への興味をそこから喚起し、音の表現へつなげていきたいと考える。どのような曲のCDを選び、どんな楽器を用意するかといったことは、その後に考えることであろう。

(3) 乳児の音楽表現と保育者のかかわり

　乳児期の音楽表現を育てていくために，保育者はどのように乳児とかかわっていくことが望ましいのだろうか。まず，保育者は乳児にとってどのような存在なのかを明らかにしたい。ひとつは，未熟な状態で生まれてきた子どもの生命を維持していくために，母乳（ミルク）を与える，オムツを替える，お風呂に入れる等の世話をするための身近なおとなとしての存在である。もうひとつは，子どもがよりよい成長をしていくために，できる限り心地よく過ごせるようにするおとなとしての存在である。

　これまでの事例からもわかるように，ひとりで遊んでいる時に鼻歌まじりでうたっていたり，気持ちよく声を出してひたすらにうたい続けているような子どもには，保育者があえて一緒にうたおうとしたり，子どもたちに「先生はみているよ」といった保育者からの働きかけの必要性がないことも多い。そのような場面では静かに気づかれないように見守っていくことが適当である。逆に，時々保育者の方を振り返りながら，つまり見守ってくれているかどうかを気にしながら遊んでいる子どもに対しては，微笑み返すなど静かに，しかし確実に彼らの気持ちに応えていかなければならない。またどうにかしてほしいもどかしさを声や仕草あるいは表情などで表現したり，泣いている子どもには，すぐに抱っこをして「どうしたの，よしよし……」と話しかけてその原因を取り除いたりする必要がある。

　保育者のうたう歌にあわせてうたおうと，うたえる部分だけ一生懸命に声を出そうとする子どもには，保育者の方から目線を合わせたり，手を握り合ったりしながらうたうようにしたいものである。一緒にいることを楽しいと感じ，そのかかわりを心地よい時間と思えるように，積極的に働きかけることも大切なかかわり方である。このようにみていくと，保育者は子どものすべての感情に日々かかわる重要な存在であるということがわかる。

　子どもの表現に保育者がかかわっていく姿勢については，それが歌の表現であっても描いた物であっても，言葉の表現であってもみな同じである。子どもによって，場面やその時の環境によって，さまざまな回答がある。しかしここ

でいえることは，保育者はひたすらに子ども一人ひとりの気持ちに沿いながら，発達や環境を踏まえてよりよい成長へと向かっていけるように接していく役割を担っているということである。そのように考えると，まずは保育者が子どものいる場所につねに存在していることが大切である。そして，子どもが思うままに表現できる時と場を保障し，思うままに表現する子どもそのものを認めていく姿勢をもつことで，保育者は子どもにとって"開かれた存在"となり，安心できる心地よい人的環境となるであろう。

学習課題

○こどもの嬉しい気持ちはどのようなことで読み取れるだろうか。
○「やさしい歌」を選ぶ要素を「歌詞」のほかに2つあげなさい。
○音程をとってうたうことに自信のないおとなはどのような歌をうたうとよいか。またそれはなぜだろうか。
○保育者が一緒にうたうよりも見守っていた方がよいとされるのはどのような場面だろうか。

参考文献

岩淵悦太郎・波多野完治・内藤寿七郎・切替一郎・時実利彦・沢島政行・村石昭三・滝沢武久『ことばの誕生——うぶ声から五才まで』日本放送出版協会，1968年。
小山朝子「乳幼児期におけるコミュニケーションとしての音楽表現——未満児の事例を通しての考察」『日本保育学会保育学研究』第42号2号，2004年。
原ひろ子『子どもの文化人類学』晶文社，1979年。
細田淳子「乳児は歌をどのようにうたいはじめるか——音楽的刺激に対する反応」『東京家政大学研究紀要』第43集，2003年。
細田淳子「ことばの獲得初期における音楽的表現——身体で感じるリズム」東京家政大学研究紀要第42集，2002年。

（細田　淳子・飯塚　朝子）

第4章 幼児の音楽表現

　幼児の音楽表現には，音や言葉などを聴くこと，歌をうたうこと，楽器などを鳴らして遊ぶこと，みんなでリズムを合わせて器楽合奏をしたり，身体を動かすことなど，いろいろな内容が含まれる。ここではそれらの音楽表現についてとくに3歳から5歳の幼児の場合について述べる。

　まず，3歳くらいの多くの子どもがうたう即興歌唱表現「つぶやき歌」が，子どもの創造性を育む意味で大切であるということを述べる。つづいて保育現場で直面している子どもの歌の選曲の問題と，幼児の声域と歌声や発声指導に関して述べていく。次に，幼児の楽器と呼ばれているものについて述べ，手拍子など身体でリズムを打ち，全身でリズムを感じたあとに手拍子した手に楽器をのせるというような器楽合奏導入方法について述べる。最後に，生活のなかの音環境について考え，音と動きの表現や保育者とのかかわりについて言及する。

1　うたう表現

（1）音や声を聞く

　ここでは3歳から5歳頃のうたうことの発達を考えていき，幼児の歌声や発声の指導法に言及する。

　ではまず初めに，「歌う」ということばの語源を探ってみたい。広辞苑によれば「ウタ（歌）アフ（合）の訳」「ウチ（打）アフ（合）の訳」などとなっ

ている。また折口信夫（おりぐちしのぶ：国文学者 1887-1953）によると「訴えること」だという。この両方を合わせて考えれば，自分の気持ちを声に乗せて訴え，受け止める側が合わせて受け止めることが「うたう」ということであると理解できる。

歌の一部分だけをうたうことしかできなかった子どもたちも，3歳にもなると一人で1曲をしっかりとうたえるようになってくる。子どもにはもちろん個人差があり，たくさんの歌を聞き覚えて自発的にうたう子どももいれば，おとなが一緒にうたう時だけうたう子などいろいろである。

（2）即興歌唱表現「つぶやき歌」

3歳ころに多くの子どもが自発的に歌いだす即興歌唱表現がある。これを筆者は「つぶやき歌」と名づけている。作り歌，でたらめ歌などと呼ぶ人もいる。既成の歌の一部を使ったり，好きなメロディーをうたいながらつくっていき，歌詞をどんどん変えて，メロディーも変化させていく。幼児が自分の気持ちを自発的に声に乗せて表現するつぶやき歌について事例を示す。

事例1　A児（3歳6か月）

3歳6か月のA児が姉6歳の弾くピアノの曲を近くで聞いていた。姉がピアノから離れどこかへ行くとその曲に似たメロディーに「おとうさんが，まみちゃんとおさんぽして……」と物語るように歌詞を付けてうたいだし，次第にメロディーもなんの曲だかわからないものになっていく……。踊りながらうたっていることに気づいた母親がカメラを向けると照れて，すぐにやめてしまった。　　（2005年11月）

事例2　B児（2歳7か月）

B児がオセロゲームのコマを高く積み上げて遊びながら独り言のようにうたっている。「おやま，おやま，おやま」と言いながら積み上げ，高さが限界に近づくと声は高く，歌も速くなり「もうちゅくれないよ〜」でおわる。　　（2000年3月）

この2事例に共通することは，リラックスして自発的にうたい出していること，のどや身体に力をいれていない柔らかい発声であること，などである。声

写真4-1　つぶやき歌をうたいながら動く女児（3歳児）

は心の動きと密接に結びついているから，このときの子どもの心の状態が非常に安定していることがわかる。つぶやき歌をうたうことは，子どもにとって，イメージを膨らませ次々に歌詞やメロディーなど心に浮かぶままに声にのせていくことなので，自ら表現していく力を育てることになる。しかしながらこういった歌は多くの子どもが，ある時期になるとうたい出すものの，ある時がくるとまったくうたわなくなってしまう。したがって，おとなはその時期を注意深く大切に見守りたいものである。

(3) 幼児のうたう歌

選曲について　毎日幼稚園などではいろいろな歌をうたっている。日本には子どもの歌が非常に多いので選ぶのも大変であるが，どのような歌を選ぶとよいのだろうか。季節や行事の歌も伝えたいし，昔から伝わるわらべうたや童謡も世代を超えて一緒にうたう歌として必要だろう。いわゆる遊び歌のようなものを中心として，今でも作られ続けている新しい曲にもいい曲がある。

　保育者は自分でよくうたってみて，目の前の子どもたちに伝えたい曲かどうかを良く考えて選ぶようにしたい。覚えたらもう終わりではなく，何カ月もあるいは2年3年にわたってじっくりうたい込む歌も必要である。子どもが将来その歌のメロディーを聞いたら，ふうっと担任の先生の顔と園舎の風景が目の前に浮かぶ，というような幼稚園の記憶とともに心に残る歌があるといいのではないだろうか。

　現在の日本の保育現場では一般に難しい歌をうたうことが多いようである。筆者のイギリスでの経験を述べてみたい。マンチェスターで筆者が長男と通った幼稚園では毎日おやつの時間の前になると，先生が床に足を伸ばして座り，

第4章　幼児の音楽表現

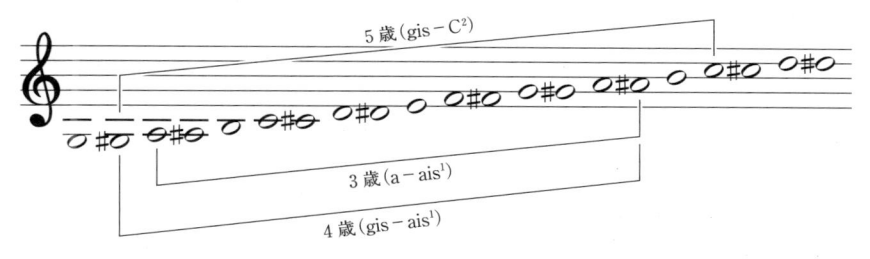

図 4-1　60％の子どもが歌える音域
（出所）　細田淳子「子どもの声域と歌唱教材」『初等音楽教育』，vol. 2，1992年。

うたい始める。そうすると各コーナーで遊んでいる子どもたちは，それぞれの遊びを片付けてフロアーに集まり，先生と円を作るように座る。そこではマザーグースメロディーなどのやさしい歌を10〜20曲くらい続けてうたい，動きのついているものは動きながらうたうのだった。

　帰国し13年たってから高校生になっていた長男とともにその幼稚園を訪ねた。すると驚いたことにその園では13年前とまったく同じ曲ばかりをうたっていたのである。つまり幼児も祖父母も地域の人もみんなが知っている歌を繰り返しうたっているのだ。最近のわが国では新しい歌が求められる傾向にあるので，13年前とすべて同じ歌をうたっている幼稚園などなかなか見つからないだろう。このような保育をしている国もあり，何もいつも新しいものばかり求めなくとも良いのかもしれない。

声域について　子どもの声域は年齢が上がると広がっていくことは図4-1のように筆者の研究でも明らかになっている。また4，5歳になってくるといわゆる裏声を使えるようになるので楽に高音部を歌えるようになってくる。しかしながら歌のなかにはかなり広い音域をもつ曲もあって，とくに高音が出ないということもある。そういった場合は，無理をせずそっと柔らかい声でうたうように「やさしくね」などと言葉をかけるといい。また全体を少し低く移調することでうたいやすくなる場合は，移調楽譜を探して使用したり，移調できる人に書いてもらうなど工夫することが望まれる。

（4）幼児の発声と怒鳴り声

　いままで「幼児の発声」に関してはほとんど文献もなく，現場に任されてきた。そして多くの保育者が，幼児の本来の柔らかな歌声のイメージをもたずに，ただ元気に大きな声が出ていればよいと思い込んで，怒鳴り声でうたわせてきている。なぜ怒鳴るのか，なぜ怒鳴るとよくないのか，ではどうすればよいのか，について述べていく。

　コダーイ（Kodaly, Zoltan：ハンガリーの作曲家 1882-1967）をはじめとする先人の言葉にあるように「最もすばらしい楽器は声」であることは誰でも認めるところだが，どのような声でうたうかということはその後の音楽発達の上からも重要な点となる。ここでは美しい頭声発声ではなく，あくまでも普通の保育のなかで楽しく歌うための子どもらしい素朴な発声を考える。5，6才の幼児でも訓練することで児童合唱団のような頭声発声の歌声をつくることは可能だが，そういった歌声には子どもらしさが感じられない。

　子どもらしい発声のためには，まず保育者がどのような声でうたわせたいかというイメージをもつ必要がある。園全体が怒鳴り声でうたっている場合は難しいが，子どもが一人遊びをしながら気持ちよくうたっている時の声をイメージするのがよい。自然に気持ちよく歌詞の内容を感じながらうたえるようにする。具体的には下記の「怒鳴らせないための発声」を参考にして小さな声から徐々に始めて気持ちよく笑顔で声が出せるようになるといいだろう。

　怒鳴り声は，のどをつめ，身体に力を入れているので音程は低く外れ，まわりの友だちの声も聞こえないため声を合わせる楽しさを感じることができない。ではなぜ乳児期にあれほど穏やかできれいな声でうたっていた子どもたちが，集団になると怒鳴るようになるのだろうか。

　それは，第1に保育者が「元気に！　大きな声で！」というからだろう。第2に怒鳴り声のときにも「元気でよい」と褒めてしまうので，子どもたちはそれでよいのだと思ってしまうからである。第3にクラスのなかで目立ちたくて大声を張り上げてうたう子どもがいたり，第4に保育室の環境や，ピアノ伴奏の音がうるさすぎるために自分の声が聞えなくて怒鳴る子どもが出てくるのだ。

第4章　幼児の音楽表現

こうしてみると怒鳴り声の原因の多くが保育者側にあることがわかる。では子どもらしい歌声に戻すためにはどうしたらよいであろうか。次の方法を試してみてほしい。確実に声が変化していくのがわかるはずである。

① 子どもの発達にあわせ理解できる言葉で，「今の声，みんなはどう思う？」と声に注意を向けて子どもに気づかせる。

② 元気に大きな声でという代わりに「大きな口を開けてうたってみよう」と言葉をかける（口を大きく開けるだけで声量が増す。これはおとなも同じ）。

③ 保育者が左右にゆっくり揺れながらうたう様子を見せて，子どもが自然に真似するようにする（身体を揺らすと力が抜けて怒鳴ることができない）。

④ 「ピアノの音を聞きながらうたってね」と言葉をかける。聞こうとすると怒鳴っていられない。もちろん保育者の弾くピアノの音も保育室の大きさや人数にあわせ適切な音量で弾く。

以上のような方法を組み合わせ，楽しく声を合わせる喜びを伝えていきたい。歌を何のためにうたうのかをいつも忘れず，歌詞の内容や，曲の雰囲気によってどのような声がふさわしいのかを1曲ごとに考えていきたいものである。

2　楽器を使う表現

（1）幼児の楽器とは何か

幼児は生活のなかで自然に音楽に合わせて身体を動かしたり，楽器を鳴らして遊んだりしている。簡単なリズムで楽器を打ったりして遊ぶなかで，その心地よさを音楽で表現する喜びを味わい，音楽を楽しいと感じる心が育っていくのである。幼児が手にする楽器はカスタネット，タンブリン，トライアングル，すずなどが代表的である。しかしながらこれらのなかでタンブリンとトライアングルは，おとなの楽器を小さくしただけで幼児のために考えられたものではない。

タンブリンは昭和初期に日本に輸入され，ドラムセットのなかでスタンドに固定させて使われた。第2次世界大戦後にそのタンブリンを直径だけ小さくし，枠の高さはおとな用と同じく4cm以上のままで子ども用とした。枠の穴は固定させるためのもので指を入れるための穴ではないが，現在でも子どもに指を入れるよう指導しているところもある。幼児には持ちにくい楽器である。

　トライアングルは壊れることがないため，創立当初に購入したままで，1辺が20cm以上の子どもの手には重すぎるものを今でも使っている園が多い。現在は1辺が10cmくらいで軽いものが市販されている。

　すずはリングベルとも呼ぶが，子どもの手で握って手首を逆の手の拳で叩いたり腕をまわしてトレモロ奏にもでき，幼児が扱いやすい楽器といえる。

　カスタネットは，東京都の小学校音楽教師上田友亀によって第2次世界大戦後に考案された，もともとハンドカスタと呼ばれた楽器である。日本製の楽器だがスペインのカスタネット（親指にひもをかけ両手に1個ずつ持つ）などを参考にして作ったという。手拍子をした手にカスタネットを乗せればそのまま演奏できるなど，子どもには扱いやすい楽器である。

　何事も第一印象が大切だ，とよくいわれるが，たとえば次のゲームなどを行い楽器ともいい出会いを演出したいものである。

　　宝物探しゲーム：フロアーに子どもたちは好きな楽器をひとり1個持って広がって座る。そのうち一人が宝物を隠し持つ。子どもたちはどこに宝があるかを知っているが鬼は部屋の外で待つため知らない。鬼は部屋に入ってきて宝物を探して歩き回る。子どもたちは持っている楽器を鳴らして鬼にヒントを与える。近づいたらだんだん大きく，遠ざかったらだんだん小さくしていく。【子どもたちは好きな楽器を手に持つが，持ち方や叩き方など指示されず自由に叩く。鬼に場所を知らせたいと思い，思いっきり強く叩いたり，小さい音で叩いたり徐々に力の入れ方のコントロールを覚えていく】

（2）身体楽器からの導入

　昔から人々は手拍子をしたり，足踏みをしたり，身体を楽器として扱って音楽を楽しんできた。伝統的な能や歌舞伎においても舞台を足で踏み鳴らしたりする音が使われてきたし，民謡などで手拍子を合わせることも行ってきた。こういった身体を叩く音を使う音楽のことをボディーパーカッション（以下BPと略す）と呼んでいる。

　BPのリズムを日本の音楽教育に持ち込んだのは，おそらく1963（昭和38）年に来日したドイツ人の作曲家であり，音楽教育家であるカール・オルフ（Orff, Carl 1895-1982）であろう。彼は小学生を対象に日本各地で講習会を開いたのだが，これは楽器を持つ前に手拍子リズムを打つことでリズムをまず身体で感じる，幼児にも楽しくわかりやすい教育法であった。

　「せっせっせーのよいよいよい」で始まる手合わせ遊びは，BPのリズム遊びの一つであるといえる。「お寺のおしょうさん」「おちゃらか」「アルプス1万尺」といった手の動きが決まった曲ばかりでなく，どんな曲でも手合わせ遊びを作って遊ぶことができる。子どもと1対1で向き合いながら手の動きを相談して行うのが楽しい。子どもの歌は2拍子4拍子の曲が多く3拍子の曲はとても少ないが，手合わせ遊びをする曲を決めたらそれが何拍子の曲であるかをきちんと数えて3拍子の曲に4拍子用の動きを合わせないように気をつけたい。

言葉のリズムで叩き，簡単な合奏へ　リズムを子どもたちに伝える時，言葉をいいながら行うとわかりやすいことが多い。たとえばチョコレートといいながら4 ♩♩♩♩♩と手拍子をする。

　次に4拍子に丁度合うリズムパターンを1つ決めて（たとえば　トマト　といいながら4 ♩♩♩♩）そのリズムを手拍子か足拍子か膝拍子で繰り返し叩く。このリズムパターンの繰り返しを伴奏にして歌をうたうことができる。リズムの繰り返し伴奏（これをオスティナート（Ostinato）という）を行うグループとメロディーの歌をうたうグループに分けて行ってもいいだろう。

　さらにこの伴奏グループの数を2，3，と増やしていって，Aグループだけの伴奏部分，ここは3グループ一緒の部分などと決める。そしてグループごと

に楽器を持てば，そのまま簡単に分担奏と呼ばれる器楽合奏が出来上がる。器楽合奏のための特別な練習をしなくても，このような方法で普段の遊びのBPをそのまま器楽合奏につなげることも可能なのだ。

（3）発表会における音楽表現

　発表会や音楽会は子どもたちにとって，日常と違い家の人が見に来てくれたり，ちょっとドキドキしたりわくわくしたりして楽しいものである。保育者にとっても子どもたちの成長をあらためて確認できたり，生活のアクセントになったりして，その意義は充分にあるものといえる。ところが普段の遊びとまったく別のものとして音楽会を考え企画すると，保育者ばかりではなく子どもたちにもたくさんの負担を課するものとなってしまいがちである。

　また同じ音楽会といっても，園によってすずとカスタネットだけで行うところから，楽器メーカーの見本市のようにシンセサイザーなどの電子楽器をたくさん大きな舞台に並べて行うところまで実にさまざまである。しかし，どのような形の発表会であっても何のために行うのかを明確にする必要があるだろう。

　たとえば「曲のリズムを感じ曲に乗って楽しく演奏する」というような目標を設定した場合は，リズムを感じ曲に乗るのにはどうすればよいのかを考えることになる。いくつか例をあげてみる。①ウキウキしてくるような曲を選ぶ。②楽器分担が不公平感を生まないようにする。つねにいろいろな楽器に触れて遊んでいれば珍しい楽器が良くて，全員が個人で持っているカスタネットがハズレ！ということはなくなる。またカスタネットをまったく使わず，ウッドブロックなどを代わりに用いて木製の音を出すことも可能だ。③間違えたらどうしようと不安に思うと身体が緊張し，表情も硬くなるので，間違える心配がないような簡単なリズム打ちの繰り返しにする。すなわちリズムパターンを繰り返すだけのオスティナート伴奏にする（55頁参照）。これは低レベルな編曲を意味するのではなく，1つの楽器に関しては1つのリズムを繰り返すだけであるが，曲全体としてはいくつかの部分に分け，部分ごとに使う楽器を変えて，聞えてくる音色がまったく違うような編曲をすることを指す。

発表会全体の演出もいろいろ工夫することができる。たとえば舞台を使わず，会場全体を舞台と考え，四方からクラスごとに中心を向いて椅子を並べておくと，自分の席で立って演奏すればそこが舞台となる。または，舞台で演奏する場合も袖に待機して出番を待つ形だけではなく，客席の通路も舞台の一部と考えて，うたったり楽器を鳴らしながら歩いて舞台に上がる。

以上のように時には発想を変えて保育者自ら発表会を楽しみ，子どもが文字通り主役になれる発表会を演出していきたいものである。

3　生活と音楽表現

（1）幼児の音楽環境

私たちはさまざまな音に囲まれて生活している。子どもたちは外からの音刺激をどのように聞いているのだろうか。健聴の子どもはたくさんの音のなかから聞きたい音を取捨選択して聞いているようである。いくら名前を呼ばれても何かに夢中になっていると聞こえない，という経験は誰にでもある。また聞こえることに障碍のある子どもたちは音の振動を聞いてリズムを感じているようである。

何か好きな音や音楽を聞いたとき子どもたちは嬉しそうに手足を動かしたり，身近なものを叩いたり，踊り始めたりする。それほどはっきりした表現でなくとも，表情が緩んだり，肩の力が抜けて呼吸がゆっくりとなったりする。

そこで好きな音や音楽と出会うためには，まず耳を澄ましてよく聞くことが大切になる。耳を澄まして音をよく聞いたことのない子どもに対して「さあ，いい音を出してみよう」などといって楽器をわたしても，そこにいい音は生まれない。よく聞くことの経験が音へのこだわりを呼び，楽器を演奏することへの興味や意欲につながるのである。

しかしながら，耳を澄まして自然の音を聞こうとしても，現代は人工的な音が，とくに都市部で多くなっていることは前述した通りである。では音がなければよいかといえば決してそのようなことはないのである。筆者の経験したま

ったく音のない世界（筑波大学の音響研究のための無音室という実験的につくられた部屋）は，もし長い時間そのなかにいなければならないとしたら，と考えただけで恐くなるようなものであった。

　無音室というのは極端な例であるが，保育者は一人ひとり，自分の担任する子どもたちと暮らす保育室の音環境について把握しておく必要がある。もしつねに騒がしい保育室であるのなら，保育者の方で心がけて一日のなかにほんのひと時の静かな時をつくるといい。

　筆者が見学したドイツ，スイス，オーストリア，イギリスの幼稚園はとても静かで，大声で叫びあったりする様子は見られなかった。それは第1に規模が小さく一部屋に10人くらいで遊ぶといった状態が多かったためかもしれない。第2に歌をうたう時も，保育者がピアノがあっても弾くことがなく，伴奏なしで保育者が優しい声でうたい始めるのに続いて，子どもたちが穏やかにうたっていた。そのためかもしれない。第3に，一斉に「元気に！」というかけ声のもと大声を出すことがないためかもしれない。

　日本にも静かな保育現場はたくさんあるだろう。だが，音環境に問題があると感じた保育者は意識的に子どもが音に興味をもてるような静かな音環境の時と空間をつくっていく努力をしないといけない。

（2）音と動きの表現

　子どもは乳児の頃から音や音楽が聞えてくると身体を動かして嬉しさ楽しさを表現してきた。寝ているだけの頃は手足を動かし，座れるようになると上半身を左右や前後に動かすことも覚えていく。そうしてその時々に身体の動かせるところをすべて使って気持ちを音に合わせて表現していく。ところがだんだん年齢が上がると，恥ずかしさが出て人前で動くことが苦手な子どもも出てくる。そのような時にどのようにしたら恥ずかしがらずに音や動きの表現ができるのかを事例をもとに考えていきたい。

第 4 章　幼児の音楽表現

> **事例 3　3 歳女児**
>
> 　3 歳児のクラスで，3 〜 4 人の女児の要望で保育者が音楽のカセットをかけた。すると子どもたちは曲に合わせ自由に踊り出した（先生は踊りが得意であったが，先生が踊ると子どもたちは必ず見て同じような振りでまねして踊るから，先生自身は踊らないのだそうだ）。その後子どもたちはカセットデッキを窓際におき，園庭に出て踊り出した。カセットの側にひとりの女児が踊りに加われずに立って見ている。筆者は「恥ずかしくて踊りに加われないのかな？」と思いながらその子どもを見ていると，なんとその子の後ろへ隠した右手の指先が，曲に合わせて動いているのだ。右手は他の子どもとともに踊っていたのだった。　　　　　（2006 年 6 月）

　ほかの子どもたちのように両手を大きく動かし，広いスペースを飛び回るように踊ることはできなかったのだが，気持ちは一緒になって曲を聴いて，心のなかでは楽しく動いていたようである。みんなと同じにできなくても心のなかで音楽を聴き，楽しんでいることもあるのだということがわかった事例だった。よく目につく表面の表現だけを見ていてはいけないのだ。

写真 4-2　カセットの曲にあわせて園庭で自由に踊る 3 歳児

> **事例 4　5 歳男女児**
>
> 　幼稚園の年長児の保育室で数人の子どもが自分たちで「ミッキーマウスマーチ」の歌をうたいながら動きまわっていた。担任の保育者は周りで見ている子どもたちも誘ってみんなで楽しく踊って遊ぼうと思い，CD で『ディズニーメドレー』をかけた。すると先程まで動きまわっていた 3 人の女の子たちは照れくさそうな笑いを浮かべ，先生をチラチラ見ながらあまり動かなくなってしまった。先生や他の子どもたちに見られて照れくさくなったのだろう。そこで保育者はすずやカスタネットの入ったカゴをそっと近くの台の上に置いた。すると，一人の子どもが楽器を手に取り，また一人また一人と楽器を手にし，曲に合わせてニコニコ楽しそうに楽器で音を出しながら踊り始めた。　　　　　　　　　　　　　　　　（2004 年 10 月）

自分たちだけで踊っていたところを先生や他の友だちに見られているとわかった時の照れくささもこの年頃の子どもの1つの表現だといえよう。それを助けたのがCDの音楽と手に持ちながら踊ることのできる小さな楽器だった。
　この事例のように，楽器やスカーフなどを持ったために動きが自由に広がったり，かぶりものを頭に乗せたり，キャラクターの道具を持っただけで何かになりきって表現が広がっていくことはよく見かけることである。
　また，動きに制約をもうけて，たとえば床に寝て両腕だけで，目をつぶって踊る，などの活動も導入として楽しめるものである。その理由は，人に見られていることからくる恥ずかしさを軽減し，また腕だけ足だけという具合にすると，全身ではまだどう動いていいかわからない子どもにとっても，曲に合わせて動くことの気持ちよさを知るきっかけになるからである。

（3）　保育者とのかかわり

　本章では幼児が音を聞いたり，声を出したり，楽器を使って音を出したり，体を動かしたりすることによる表現を考えてきた。どのような表現においても心の動きと表現は切り離して考えることができないことがはっきりしてきたと思う。またそこで子どもが外へ表したことに気づいて，受け止めるおとなの存在も欠かせないこともわかった。親も保育者も日常の生活に追われて忙しく，なかなか子どものかすかな表現などに気づいて向き合う余裕がないことが多い。しかしながら，少しでも子どもたちの楽しく嬉しい気持ちを共有して，自分自身を外へ表現してよいのだということを子どもに伝えたい。
　ここでは保育に当たるおとなが，どのようにかかわることで，子どもたちの表現をより一層自由に引き出すことができるのかを考えていく。
　まず第1に子どもと保育にあたるおとな，つまり親や保育者とのしっかりした人間関係すなわち信頼関係があることが前提になる。第2に，子どもが心身ともに健康で心が安定していて自由であることが必要だろう。お腹が痛かったり，お母さんが迎えに来てくれるのかどうかを不安に感じたりしている時には，自由な表現は生まれない。第3に，ゆったりとした時間や静かな空間が，時に

は保障される環境があることも重要である。そういった環境だからこそ生まれる表現もあり，また保育者も気づくことができるのである。忙しい日常ではあっても1日にごく短い時間耳を澄ませたり，ゆったり見つめあったりする時をもつことは表現の発達にとって大切である。

　子どもの表現に気づき，それを認め，受け止め，励まし，共感できるおとなが側にいた上で，以上のような条件が整うと，子どもたちは安心して自己を表現できるのだと思う。

　1988（平成元）年の幼稚園教育要領改定で表現という領域ができてから，表現という言葉が盛んに使われるようになった。それは保育者が子どもにどう表現させるかではなく，子どもが何を表現しようとしているかを見つけ認めるという表現でなければならない。わかっていながら実際は，発表会などで見せるためのものを指導した表現が多くなっている。

保育者の歌声　次に保育者の表現について考えてみる。保育者の方も得意でない分野であっても積極的に自分を外に出して表現していきたいものである。たとえば歌声を例にとってみる。声に自信がないためあまりうたわないようにしてCDを多用しているという保育者がいる。しかし，いい声であるかどうかということは誰が決めるのだろうか。だれでも好きな人の声は心地よく聞える。逆にその人物を良く思っていない場合は美声の歌手と呼ばれる人の声であっても美しいとは感じないのである。ということは，保育者は子どもたちにとって大好きな存在であるという点から，誰よりも子どもにとっては心地よく感じる声であるのだ。だから，自信をもってうたってもらいたいと考える。子どもにとって大好きな先生が自分たちのために心を込めてうたってくれる歌声は何より嬉しいものであろう。

> **学習課題**
> ○幼児が怒鳴ってうたう理由と対策について考えてみよう。
> ○幼児の手の大きさにとって，持ちやすい楽器，持ちにくい楽器とはそれぞれどんなものがあるだろうか。
> ○幼児期の教育は原点から始めるのが良いとされるが，楽器の起源はどのようなものであったか，調べてみよう。

参考文献

細田淳子『わくわく音遊びでらくらく発表会』すずき出版，2006年。

細田淳子「幼児の器楽教育におけるタンブリン」『全国大学音楽教育学会研究紀要』第10号，1999年。

細田淳子「音楽表現の原点としてのつぶやき歌」『日本保育学会保育学研究』 1998年。

細田淳子「保育における器楽教育の導入」『東京家政大学研究紀要』第36集，1996年。

細田淳子「子どもの声域とTVアニメ主題歌」『東京家政大学研究紀要』第35集，1995年。

Orff, Carl, *Orff-Schulwerk Musik für Kinder I,* Schott, 1950.

(細田 淳子)

第5章 幼児の造形表現の基礎理解

　本章では，幼児の造形表現の基礎理解を「就学前造形教育」「発達と描画表現」「幼年造形教育学の構築」の視点から概観し，幼児教育における位置づけと意義を論述する。

　第1節の「就学前造形教育」では，「造形教育研究のはじまり」を歴史的に振り返り，「就学前造形教育の意義と必要性」を考察する。さらに，「その子独自の造形表現と適切な援助」を保育実践の観点から論述する。第2節の「発達と描画表現」では，「児童画の発達過程」「早期幼児期の描画行動」「幼児の人物描画を研究する意味」「頭足人的表現形式」「脳の発達と造形活動」などの項目を取り上げ，幼児の造形表現の発達と，発達における造形表現の意味を考察する。第3節の「幼年造形教育学の構築」では，これまでの「美術教育の思想と構造」の問題点を明らかにし，新しい学術大系の概念としての「幼年造形教育学の構築とその範囲」を概論し提起する。

1　就学前造形教育

(1) 造形教育研究のはじまり

　保育の歴史的背景のなかで子どもの造形表現は，美術教育あるいは発達心理学の領域で学術的に注目されるようになり，イベニーザー・クック（Cooke, E.）の最初の論文「美術教育と子どもの本性」（Art Teaching and Child Nature, 1885）とコッラッド・リッチ（Ricci, C.）の最初の著作『子どもの美術』

(L'arte dei bambini, 1887) が書かれた。美術は悠久の歴史を刻んできたが，子どもの造形表現の研究は，わずか120年の歴史しかなく，きわめて新しい学問分野である。学術的な着目が大幅に遅れた大きな原因は，子どもはおとなに比べて未完成・未完了・未成熟・不完全な存在であるという考え方が，歴史を支配してきたからである。人類の歴史は，特別な造形的才能や天分のない，どこにでもいる普通の子どもが描いたりつくったりした造形作品をほとんど所有していない。発達途上にある彼らの造形作品に価値を見いだす者がいなかったからである。非常に少数の非凡な子どもだけが芸術を理解し，芸術家の後継者たりえた。しかし20世紀に入って，その芸術家が子どもの美術に注目するようになった。とくに，美術における芸術家あるいは作家と称する人々が，子どもの造形表現をその制作の発動と様式に取り入れるようになった点を指摘できる。たとえば，アンリ・マティス（Matisse, H. 1869-1954)，パウル・クレー（Klee, P. 1879-1940)，パブロ・ピカソ（Picasso, P. 1881-1973)，マルク・シャガール（Chagall, M. 1887-1985)，ジョアン・ミロ（Miro, J. 1893-1983) などの作品には，子どもの美術と相通じるものを認めることができる。このように芸術的な立場からも，子どもの造形表現に価値が見いだされるようになった。

　子どもの造形活動を議論するとき最も重要なことは，そのことについてわれわれは，まだ十分な知識と理解を獲得していないという前提を認識することである。なぜなら，子どもの造形活動への着目と研究は，19世紀末にようやくはじまったばかりだからである。子どもの造形活動に関するこれまでの研究は，絵画表現を中心に推進されてきた。子どもの造形活動として立体造形よりも頻度が高いことがその理由であろう。それらの研究成果の主なものは，子どもの発達段階に即して描画がどのように変容していくかを現象として明らかにしようとしたことである。しかし，その変容がなぜ起きるのかがよくわかっていない。

　たとえば，幼児特有の描画表現として，スクリブル，太陽型図形，マンダラ図形，アニミズム表現，拡大表現，カタログ期，頭足人型，基底線，展開描法，レントゲン描法などが現れる。これらの特徴は，現象としては周知のことであ

るが，幼児がなぜそのような表現の仕方をするのかは，十分解明されていない。われわれは，造形表現の背後に隠された発達の仕組みや原理を是非とも知りたいと思っている。発達のメカニズムを知ることは，日々の保育実践における環境設定や子どもへの援助を考えるための重要な手がかりを与えてくれるからである。現在，子どもの造形遊びを展開するための教材集や造形表現に関するテキスト等が数多く出版されてはいるが，具体的な指導を裏打ちする造形原理・造形理論の研究は，十分とはいえず体系化されていない。子どもの造形表現を対象にしたすべての研究も就学前造形教育も，まだ緒についたばかりである。

（2）就学前造形教育の意義と必要性

　就学前造形教育は，幼児自身の自発的で自由な活動をその出発点にすべきである。幼児の自己表現活動のなかで造形表現は，睡眠や食欲などの一次欲求ではないが，人間のもつ根源的欲求の1つであると考えられている。なぜなら，よく眠ってお腹が一杯の幼児は，自発的に造形表現をするようになるからである。その自然発生の様子は，すでに多くの保育者や研究者によって観察されており，幼児の造形表現を本能的と記述した文献は，簡単にみつけることができる。たとえば，描画材料がなくても結露した窓ガラスに指で絵を描き，泥んこ遊びで団子をつくる幼児を確認できる。まず，このような造形遊びを保障することが肝要であろう。手を使って物をつくり出す造形表現ほど，ジョン・デューイ（Dewey, J.）の「為すことによって学ぶ」（1915）という教育的意義を潜在的にもっている活動はないであろう。その意味からも就学前造形教育は，保育の中核の1つであり人間育成に必要不可欠なものといえる。したがって，造形表現を重要な自己表現活動の1つとして考え，豊かな活動を保障するための環境構成と援助を考えることは，保育の根幹となる。そのような観点から造形活動は，『幼稚園教育要領』や『保育所保育指針』に保育内容「表現」として明確に位置づけられている。

　就学前造形教育に関する議論は，①子どもには，保育が必要であること，②その保育は，子どもの自然な生活に直結した自主的な活動を出発点にしなけれ

ばならないこと，③造形活動は，本能的ともいえるものなので保育に不可欠であること，④幼児の造形活動には，発達に即した適切な援助が必要であること，などを前提に展開しなければならない。幼児・児童をおとなの小型，おとなに成り得ていない者ととらえるのではなく，子どもは子どもとして完全であるという思想がこれからの美術教育および保育の将来を支えるであろう。そこで次の問題は，それではその造形教育をどのように行うかである。つまり，造形教育の具体的な内容が問題となる。発達に即したよりよい造形教育を可能にするには，幼児の発達の様子を詳しく知らねばならない。ここで議論は必然的に，造形表現の発達をどうとらえるかと，子どもの発達のなかで造形表現をどうとらえるかの2つの方向へ展開する。つまり1つは，幼児の造形活動の現象としての把握であり，もう1つは，現象の理論的説明である。

（3）その子独自の造形表現と適切な援助

　就学前造形教育は，日々の保育のなかでどのように実践され，保育者はどのようにかかわっているのであろうか。実際の保育の場面で保育者の多くは，造形環境をどのように設定し，造形活動をどのように援助するかについて日常的に苦慮している。そして，自分が幼少の頃先生にいわれたことや，大学で学んだことや，それまでの保育経験の蓄積を頼りに造形活動を援助している。われわれは，保育のなかでなされる「大きく堂々と描きましょう」「よく思い出して描きなさい」「色をたくさん使って描こうね」「思い切って描きましょう」「感じたままを描きなさい」「この辺が寂しいね」「よく見て描きましょう」「自由に描きなさい」「気持ちを込めて描こうね」などの言葉かけが，本当に正しいのかどうか自信をもって判断することができない。われわれは，子どもたちに向かって年中このようなことをいい続けることが，本当に良い保育なのかどうかを真剣に考え直してみる必要がある。

　幼児画の特徴である拡大表現を例に，幼児の造形表現の仕方と保育者の言葉かけとの関係をみてみよう。拡大表現とは，興味関心をもったものを実際の大きさよりはるかに大きく描く表現形式である。たとえば，「芋掘り」という題

材で絵を描かせると，学級のなかには人より大きいさつまいもを描く子が必ずいる。保育者は，大学で学んだ拡大表現を思い出し，ここぞとばかりに「K君の描いたお芋さんは，大きくていいわね。すごいね」という。称揚しようと教育的配慮のつもりで発した何気ないこの言葉の影響力は，学級全体に瞬時に及ぶだろう。子どもたちはみんな，先生に褒めてもらいたい。気がついた時には，学級のどの子もドラム缶のような芋を描いて先生の方を向いている。日常的に起こり得るこのような状態の何がいけなかったのだろうか。それは，この保育者がK君の「芋の大きさ」を褒めてしまったことである。それでは，何を褒めれば良かったのだろうか。それは，K君の「表現の独自性」である。このことを理解している保育者の言葉かけは，自ずと変わってくる。たとえば，「K君は，お芋さんをこんなに大きく描いていいわね。K君らしさがとても出ているわ。Yちゃんは，小さなお芋さんをたくさん描いて，これもすばらしいわ。いくつ描けたのか数えてみようか。38個もあるね。こんなに細かい絵を根気強く描けるのは，Yちゃんらしいわ。みんなも，自分にしか描けない芋掘りの絵を描きましょうね」というようにである。

　また保育者には，造形活動している集団全体を視野に入れた言葉かけが必要な時もある。保育者は，何を描いているのか知りたいために，絵を描いている子に「何を描いているの」とつい聞いてしまうことがある。楽しく造形活動に没頭している幼児に対して，言葉かけはまったく不要であろう。できるだけ邪魔しないように熱意をもって見守り，注意をそらすようなことを決してしないように気をつけるべきである。あるいは，一所懸命絵を描いているTちゃんの邪魔をしているR君にこそ言葉かけすべきである。「Tちゃんは今，一所懸命お絵描きしているから，邪魔しないようにしてあげようね。R君だって何か一所懸命している時，邪魔されたらいやでしょう」とR君の相手をしながら，時々Tちゃんの方にも視線を向けてその様子を観察し，Tちゃんが「先生，描けたよ」といって見せにきた時こそ，先程の観察をもとにいろいろ聞いてやったり批評したりすべきであろう。これこそ，真の保育者の言葉かけである。

　ここでわれわれは造形活動への指導や援助の最終的な目的は，その子独自の

表現形式を獲得させることであるという第1の結論に到達することができる。つまり，その子らしい表現の仕方をみつけさせ，創造させるような指導や援助が望まれる。第2は，造形活動の場面場面に対して保育者が抜かりなく適切な援助をするためは，その根拠となる造形原理が解明されていなければならない。しかし残念なことに，造形原理はほとんど解明されていないのが現状で，保育の手だてが十分にわからないのは当然である。したがって，幼児の様子や保育者が経験的に知っていることの蓄積から，体系化された造形教育原理を構築することが急務である。第3の結論は，保育者が幼児とその造形表現を深く理解していなければならないことである。造形活動は，作品制作のための用具と材料が整備されていることが大前提であり，環境設定と援助の仕方によって造形感覚と造形思考の成長は大きく左右される。これら専門的能力としての造形理解は，保育者の重要な適性と資質である。

2 発達と描画表現

（1）児童画の発達過程

　子どもの造形表現の発達を研究するとき，最も頻繁に対象とされたのは描画活動である。家庭における造形表現が，お絵描きが中心になることや，平面作品の方が，観察や実験による資料収集や作品の保管が立体作品に比べて容易であるなどの利点からである。したがって，児童画の発達過程を明らかにすることは，造形活動の発達過程の解明とほとんど同じように扱われてきた。

　児童画の発達過程とその区分に関する研究の先駆者的存在は，ゲオルグ・ケルシェンシュタイナー（Kerschensteiner, G., 1905）で，その後ウイリアム・シュテルン（Stern, W., 1910），カール・ビューラー（Buhler, K., 1918），シリル・バート（Burt, C., 1922），フローレンス・グッドイナフ（Goodenough, F., 1926），ジョルジュ・リュケ（Luquet, G.H., 1927），ヘルガ・エング（Eng, H., 1927），ビクター・ローウェンフェルド（Lowenfeld, V., 1947）など，これまでに20程度の研究があるといわれている。このような蓄積から児童画の発達段階は，ほぼ

解明されたと思われていた。

これらの先行研究に対する第1の批判は，時代が変われば幼児の描画主題や発達速度などが変わり，せっかくの描画研究も意味がなくなるという見解である。しかし，早期幼児期の描画行動の自然発生など，時代の変遷に左右されない描画発達の主題と順番があるらしいことは，経験的に推察できる。第2の批判は，何歳頃どういう特徴のある絵を描くのかという最大公約数的な現象の把握が中心で，最も大事なことが不明なことである。それは，描画の変容がなぜ起きるのかという問題である。それが解明できれば，実際の保育の場面における保育者の働きかけを具体的に考える大きな指針になるだろう。第3は，これまでの知見が根底から再吟味を迫られる研究が発表されたことである。ブレント・ウィルソンとマージョリー・ウィルソン（Wilson, B., & Wilson, M., 1977）は，描画経験がまったくない初老のユダヤ系移民が，はじめての人物描画を頭足人的表現形式によってすることから，「子どもの年齢に対応した描画表現の様相を固定する必要はない」という成果を発表している。したがって，解明されたと思われていた児童画の発達段階には，未開拓・未解決の領域と問題を指摘できる。

（2）早期幼児期の描画行動

幼児の描画活動には，時代や民族などに影響されない普遍的な部分と，影響されうる可変的な部分があるらしいことは，直観的には理解できる。しかし現在われわれは，それらの識別を確信をもってすることができない。唯一確からしいのは，「スクリブル」（scribble）と呼ばれるぐじゃぐじゃ描きから描画活動は始まるということである。

スクリブル研究の第1の問題は，用語である。学問分野によっては，「なぐりがき段階」などと記述されているが，適切な用語ではない。しかし，造形教育学の分野で通常使用されるスクリブルという用語にも，議論の余地がある。第2の問題は，スクリブルの時期に関するものである。これまでの研究成果に従うと，スクリブルは2～4歳頃に行われることになっている。しかし，現代

日本の幼児を取り巻く環境，とくに視覚的情報の豊かさあるいは氾濫によって，描画発達の速度は，以前よりはるかに速くなっていると考えられる。第3の問題は，スクリブルの本質に関するものである。発達心理学の一般的な考え方では，スクリブルは運動感覚的快感を主体にするもので，その描かれた痕跡のなかにモデルや描画主題を確認することはできないととらえられている。

今後の研究主題としては，スクリブルという用語の適不適に関する議論とともにスクリブルの構造と本質についての再検討が必要であろう。スクリブルの存在は，児童画が研究対象となった19世紀末から知られていたが，スクリブルに関する学術的着目と考察をし，総括的な研究結果をまとめたのは，ローダ・ケロッグ（Kellogg, R., 1969）が最初である。それまで注目されなかったスクリブルに研究対象としての価値を見いだし，その分野を切り開いたという意味において，彼女の功績は大きい。その後，幼児の造形活動を概説する入門書やテキストには，必ずといっていいほど彼女の観察結果と理論が引用されているが，描画の痕跡の視覚的な分類に終わっているとの批判もある。科学的実証性のない記述も散見されるので，未解決の課題に関しては再吟味が必要である。

（3）幼児の人物描画を研究する意味

われわれは，スクリブルからはじまる幼児の自発的な描画活動のなかに，人物表現の自然発生を観察することができる。人間が自分のからだに関心をもち，それを造形表現のなかに取り込んで重要な主題にすることは，古代から連綿と続いている。したがって，幼児も描画活動において人間を主題にすることが多いと考えられてきた。先行研究のなかからエング（1927），ハーバート・スペンサー（Spencer, H., 1954），林健造（1987）などの主張を例にあげることができる。それでは，なぜわれわれは，幼児の人物描画を研究しなければならないのであろう。そこから具体的にどんなことがわかるのだろうか。

たとえば図5-1は，2歳10か月の男児が自分を描いた絵である。これを描いた直後，彼は「これK君よ，K君の顔。優しいK君の顔。少し泣いているよ，ここ」といった。この描画行動と発話からわれわれは，発達にかかわるさまざ

図5-1 「K君の顔」(2歳10か月)　　図5-2 頭足人型(3歳3か月)

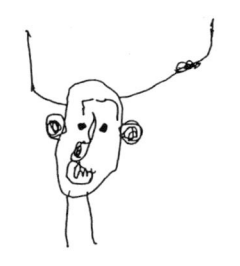

まなことを読みとることができる。第1に、この子の内面には「自分の顔」という明確な身体像があり、それを紙面に再現できる。第2に、「優しい」という抽象的な精神世界の言語を獲得し、適切に使用できる。第3に、「泣く」という感情をともなった状態を表現できる。総合すると、顔という1つの形態に関する視覚的知識に、情緒に連動した表情・状態というものを加味して表現することができる。このようにわれわれは、少し注意深くしていれば幼児の描画活動から発達の様子を知ることができる。

(4) 頭足人的表現形式

ここでは、幼児の頭足人的表現形式による人物描画を「頭足人型」と記述しよう。**図5-2**は、3歳3か月の男児が描いた頭足人型で、一般的には典型的なタイプの1つとされている。頭部と四肢を組み合わせたようにみえるこの人物描画の奇妙さと不思議さは、幼児画の特徴のなかでも際だっている。この頭足人型の問題に関しては、リッチ(1887)をはじめとして、これまで多くの研究者がその理論的説明を試みてきたが、未だに解決されていない。

われわれは、世界中の幼児が、どうしてそのような描き方で人間を描くのかを是非とも知りたい。なぜなら、それがわかれば人間に対する幼児特有の認識の仕方が理解できるし、そのことが日々の保育において幼児に適切な援助をするための糸口となるからである。頭足人型の問題に関して最も危惧すべきは、造形教育学以外の学問領域において、あたかも解決済みであるかのような記述

があることである。

　これからの頭足人型研究は，先行研究が解明することのできなかった領域を開拓するものであり，日本における幼児期の美術教育研究の萌芽的性格を有するものでなければならない。したがって，頭足人型の生成原因の解明と形成過程のダイナミズムの正確な記述は，幼児の描画研究の重要な主題の１つであり，その構造と本質に迫るために縦断的な観察と科学的な実験をしなければならないだろう。

（5）脳の発達と造形活動

　人間のあらゆる発達の首座にあるのは，当然のことながら脳である。したがって，発達の一部である描画発達の理論的説明には，大脳生理学や神経科学からアプローチができるはずである。しかし，大脳生理学そのものが新しい学術領域で，脳のことはまだよくわかっていない部分が多い。したがって，美術教育の先行研究を概観しても，造形活動が脳の発達を促進するとの記述がいくつかあるだけである。これらは，「造形活動→脳の発達」の一方的な図式で議論しているが，この逆の「脳の発達→造形活動」の立場から，脳の発達が造形活動に与える影響に議論を発展させることができる。脳の発達と造形活動は，互いを形成しあうと考えられ，たとえば脳の機能が描画表現に与える影響を考察することができる。描画欲求が脳のどこかで形成され，その欲求に視覚や感情が参与していく様子を新しい概念として構築することが可能である。

　これまでの大脳生理学の科学的実験の多くは，猿や犬の脳を故意に損傷させ，それによってどういう機能が破壊されたかを見るような動物実験がほとんどで，人間特有の言語的知識と視覚的知識を媒体とした造形的思考や造形的感覚の問題に直接役立つものが少ない。したがって現在，幼児の発達に関する多くの研究は，観察や簡単な心理学実験によって推察するしか方法がなく，それが幼児教育研究を困難なものにしている。科学が長足に進歩して，磁力線などの利用によって何の苦痛もともなわず大脳のなかのイメージのあり様をリアルタイムにモニターに映し出すようなことが可能になれば，幼児のもつ身体像と人物描

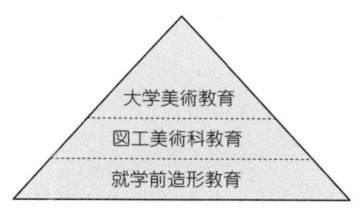

第5章　幼児の造形表現の基礎理解

図5-3　美術教育はピラミッド型階層構造か？

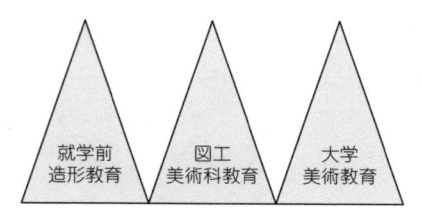

図5-4　美術教育は3つの山か？

画の関連性をかなり明確に確認することができるだろう。

また今日，幼児教育や美術教育だけが，幼児の描画表現に着目している訳ではない。認知科学の世界では，頭の内部の思考メカニズムについて研究が進められており，最近では幼児の描画表現がその研究対象になっている。これらの研究領域との連携も，近い将来重要になってくるだろう。つまり，人体内部のミクロの世界の研究と目の前の子どもを対象にした研究を照合するような複合領域の研究が，必然的に要求されるであろう。

3　幼年造形教育学の構築

（1）美術教育の思想と構造

日本の美術と美術教育には，教育界を含む一般社会において明らかな誤解がある。第1に，同じ美術であれば「皆同じ」または「皆同じようなもの」という考え方である。第2は，低年齢の人を相手にする美術は，幼稚で知的水準の低いことであり，高年齢の人を相手にする美術は，高尚で知的水準の高いことであるという考え方である。第3は，美術教育においては物をつくることを指導することが，最も重要だとする制作崇高主義あるいは実技至上主義と表現できるような風潮である。

第1の誤解は，図5-3に示すように美術教育という1つのピラミッドが，階層構造をもっていると考えられていることである。しかし実際には，図5-4に示すように大きな山が3つあると考えた方が適正である。つまり，1つ目

の山は，幼児の自由で自発的な造形遊びを援助することを主眼とする就学前造形教育，2つ目の山は，小中高において通常，図工室あるいは美術室に学級の児童・生徒を入れて行う教科教育としての図画工作科教育および美術科教育（以下，「図工美術科教育」と略す），3つ目は，大学の教員養成学部の枠組みのなかで行われる美術教育と，教職とは無関係の芸術・美術学部における芸術家・作家養成（以下，「大学美術教育」と略す）である。

したがって，就学前造形教育が美術教育の底辺を支えているのではない。換言すれば，就学前造形教育は美術教育の一部ではあるが，下部構造・下位概念ではない。ただし3つの山は，別々の山だが裾野は接していると考えた方が良いだろう。なぜなら，美術における造形思考，表現意図，表現への内発性などは，共通だからである。むしろ，表現への内発性と素直さは，子どもたちの方が上かもしれない。だからこそ20世紀の一部の芸術家は，児童美術の芸術性を賛美し積極的に認め，そこから霊感を与えられ，創作活動への内発性の一助としたのである。

第2の誤解は，就学前造形教育の対象とする幼児が，未発達であるために起こる誤りで，この現象の構造も**図5-3**に示すようなものである。いくら対象が未成熟な年齢層でも学術研究としては，ほかの領域と何ら変わりはないと考えるべきである。幼児教育は，幼稚教育ではない。

第3の誤解は，美術が「物をつくる」という行為からはじまることに起因する認識の誤りで，このことはとくに，全国の大学の美術教室で実技系教員と理論系教員との間で，未解決・未決着の問題であろう。しかし結論は簡単明瞭で，小中高で図画工作または美術を教科教育として教える時，実技と理論が必要なのは自明の真理で，両方の勉強を学生に断固要求し，教育する姿勢と体制が美術教室にあるかどうかの問題である。また近年，鑑賞教育やメディア教育が，図工美術科教育のなかで重視されるようになってきたのは，時代の趨勢を感じさせる。

以上の考察から，美術教育を議論する時には，前記の三者は教育という枠組みのなかにはあるが，まったく違うものという前提からはじめなければならな

い。したがって，就学前造形教育→図工美術科教育→大学美術教育の順に芸術的水準あるいは学問的水準が高くなったりはしない。たとえば，大学教育で学生に「絵本」「紙芝居」「壁面構成」「影絵劇」「人形劇」などの制作を指導することと「日本画」「洋画」「彫刻」「美術工芸」「書」などを指導することの難しさは，同じである。芸術的水準の高低は，表現の手段や分野によって決まるのではなく，個々の作品によって決まるというきわめて単純な見識を美術系の人たちも社会の人々ももたねばならない。

（2）幼年造形教育学の構築とその範囲

　これからの就学前造形教育は，単独で存立するのではなく，理論と実践を融合させ周辺の最近接領域を複合領域として包摂した新しい学問体系を構築する必要がある。ここでは，幼年造形教育学という新しい概念を提起してみよう。

　就学前造形教育は，これまで述べてきたように美術教育の一部であると同時に幼児教育の一部である。美術教育にも幼児教育にも時代や民族を越えた普遍性があり，それを保持する一方でその時代の趨勢や社会の要請に対応できる特殊性が要求されるであろう。わが国の現代社会と教育を考えるとき，就学前造形教育を母体にした新しい概念としての「幼年造形教育学」の構築が必要な時期にきていると考える。幼年造形教育学の範囲と構造を示す図5-5には，教育と研究の始まりを出生直後から設定しているものがある。これは近年，発達心理学などの研究領域で注目されている新生児の先天的能力やデーヴィッド・チェンバレン（Chamberlain, D）の『誕生を記憶する子どもたち』（*Babies Remember Birth*, 1988）に代表される新生児の記憶の研究を考慮した結果である。

　幼年造形教育学は，幼小一貫教育の立場から「就学前造形教育」と「小学校図画工作科教育」を基幹とする。これまで就学前造形教育といえば，家庭教育が含まれるのかどうか曖昧であったが，ここでは家庭教育は含まないことにする。その替わりに，「家庭造形教育」という新概念を導入し，家庭における適切な造形環境の設定や造形遊びの援助などを中心に研究する領域を独立に設定する。また，近年急速に現実のものとなってきた幼保一元化の観点から，就学

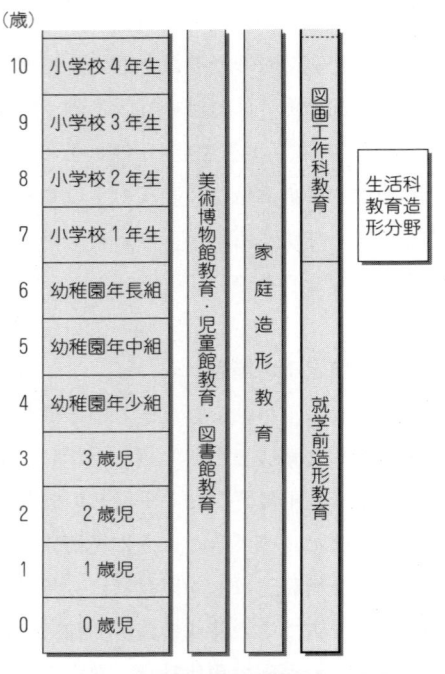

図5-5　幼年造形教育学の範囲と構造

前造形教育には幼稚園教育と保育所保育の保育内容「表現」の造形領域を主軸として取り込み，0歳から小学校入学までをその範囲とする。これまで「保育所は，児童福祉法に基づく児童福祉施設であり，幼稚園は，学校教育法に基づく就学前教育の学校である」との認識が強く，法的には現在もそうである。しかし，全国市町村の公立の保育者採用試験は，1990年頃から幼稚園教員免許と保育所保育士資格の両方を要求しはじめている。さらに，1999年4月から国立大学初の保育士養成が岡山大学教育学部学校教育教員養成課程幼児教育専攻で開始され，幼保一元化の大きな第一歩となった。このような社会的動勢からも，幼稚園教育と保育所保育はこれまで以上に密接な関連性をもつものとしてとらえる必要がある。

　幼年造形教育学の基幹の1つである小学校図画工作科教育は，6・3・3制

の区分よりも4・4・4制の区分を採用し，小学校4年生までを主な範囲とする。身体発達・精神発達・造形発達の段階を区分するには，その方が妥当であると考える。また，小学校教育で見逃せないのが，小学校生活科教育の造形分野である。生活科学習が幼稚園教育と小学校教育の段差を埋めるものとして，1989（平成元）年に新設され17年が経過した。その造形分野を幼年造形教育学の範疇に加える。

　2002（平成14）年4月からの週5日制の完全実施に際して，学校教育をどのように補っていくかが注目された。幼年造形教育学は，そのことも考慮し「美術博物館教育」「児童館教育芸術活動」「図書館教育」を射程に入れる。まず，美術博物館教育は，諸外国に比べその充実が遅れており，力を注がなければならない教育分野の1つである。欧州諸国には，入場無料の美術館や博物館が多く，たとえばイギリスのロンドンにある大英博物館（British Museum）は，94展示室の規模を誇りながらも入場無料であるし，あるいはイタリアのミラノにあるスフォルツァ城博物館（Musei del Castello Sforzesco）も，44室すべてが無料である。わが国では，たとえば「エトルリア美術特別展」などと銘打った美術館の企画展が高い入場料を取っている現状を考えると，日本の文化水準もまだまだと思わざるをえない。次に，児童館教育は，1999年6月に出された「児童館の設置運営要綱」（厚生省発児第97号）を見ると，そこから「児童に健全な遊びを与え」「情操を豊かにする」「母親クラブ」「遊戯室・図書室」「年長児童に適した文化活動・芸術活動等に配慮」「創造性を高める」「芸術・体育・科学等の総合的な活動」「ギャラリー」「歴史・科学資料展示室」「児童遊園」などの幼児教育・家庭教育・美術教育に密接に関連する用語や文言を拾い上げることができる。したがって児童館教育は，幼年造形教育学の重要な近接領域とすべきである。最後に，図書館教育は，幼児教育に欠かせない絵本の関係から無視することができない。絵本は，言葉に対する感覚を養う観点から保育内容「言葉」のなかに位置づけられている。しかし，絵本のもつ芸術的意味の検討に関しては，幼年造形教育学が担当すべき側面であると考える。

　以上のような知見と視座から提起した幼年造形教育学は，就学前造形教育と

小学校図画工作科教育を基幹にしながら，その最近接領域である小学校生活科教育造形分野，家庭造形教育，美術博物館教育，児童館教育芸術活動，図書館教育の5領域を包括的に扱う新しい学問体系の概念である。

学習課題

○保育者の専門性と保育者養成について，本書を参考にしながら，自分の考えをまとめてみよう。
○高い水準における保育学研究について，ほかの文献も見て整理しよう。
○児童美術の研究と幼年造形教育学の充実について，語り合ってみよう。

参考文献

高橋敏之「幼児の描画研究における今日的課題と展望」大学美術教育学会編『大学美術教育学会誌』第32号，181-187，2000年。

高橋敏之「保育者の専門性としての造形理解と幼年造形教育学の構築」日本保育学会編『保育学研究』第39巻第1号，20-27，2001年。

Wilson, B. & Wilson, M., An iconoclastic view of the imagery sources in the drawing of young people, *Art Education*, 30, 4-12. 1977.

（高橋 敏之）

第6章 造形表現の環境と援助

　本章では，子どもたちの育ちと造形表現について概説する。第1節「育ちと造形の表現」においては，①「子どものための造形」，②「乳幼児からの造形表現」，③「保育者の役割」の3つの観点から，造形表現の意味，発達段階における配慮，保育者の援助について記述し，造形表現と保育についてのとらえ方を記している。第2節「造形表現の理解と読み取り」では，①「写真による記録」，②「ポートフォリオ」，③「造形展」において，保護者・保育者・子どもたちの造形表現の理解と，表現活動を保護者に説明する機会と方法を保育者に提示する。第3節「遊びや活動を促す工夫」では，①「遊びや活動を促す環境づくりと用具」，②「遊びや活動を促す材料」から，子どもたちの造形表現を活発にする保育者による環境づくり，用具，素材の準備についての配慮や工夫を提示する。ここでは，保育者の言葉がけや配慮，援助によって，すべての月齢・年齢の子どもたちが自らの興味や発達に基づいて遊べる造形活動があることを提案する。

1　育ちと造形の表現

(1) 子どものための造形

　子どもたちは，乳児であれ，幼児であれ，造形表現を通してさまざまな素材や方法を経験するとともに，表現する喜びを発見し，その過程でさまざまな育ちをみせる。そして，日々の生活における出来事や，おとなが気づかないよう

な小さな発見と感動を伝えてくれる。透過性のあるプラスチックの欠片を拾ってきて，「きれいね！」といって満面の笑顔でそれを見せる。おとなにとってはただの欠片でも，その子にとっては宝物なので大切にポケットにしまう。また，０歳児は，用意された素材が箱から空になるまで「どうぞ」する遊びを保育者の援助で繰り返す。子どもたちはさまざまな発見や遊びを通して，素材を全身で感じたり経験したり，形や行為を再現したり人との関係をつくったり，時には作品として表したり構成したり，空想を膨らませて理解や想い，考えを深める。そのため，子どもたちの造形表現には，それらを生み出す子どもたち一人ひとりの経験や思考が自然と表される。それがその子の表現における創造性の現れである。

　そのような子どもたちの造形活動における遊びや表現は，作品制作に限らない。乳幼児は，保育者が用意した環境で全身の感覚を使って素材を確かめ，保育者やものとのかかわりを楽しむ。十分に遊びを行った幼児は，試行錯誤がつまったかわいらしく，迫力ある遊びの残骸や作品を残す。ただし，残された形は軌跡にすぎない。乳幼児は，作品をつくるために遊びを行うのではない。私たちが生きている現在の文化において，保育者は子どもたちにさまざまな造形経験や遊びを提供することで，今を生きる子どもたちのさまざまな芽生えを育んでいるのである。

　子どもたちの遊びは成長とともに変化する。作品は子どもたちの成長の記録である。今日は，どんな遊びができるようになったのか，どんな絵が描けるようになったのか，保護者や保育者は子どもの日々の育ちを子どもとともに，楽しみ，喜び，一人ひとりの個性や成長をみつめる。ただし，そのために，保育者は，子どもたちに保育のなかでさまざまな環境や機会を用意していかなくてはならない。設定保育のなかで保育者がきっかけを与えて描くことは子どもたちの楽しみとなるが，子どもたちが自由に描きたい絵を描き，つくりたいものをつくる環境や機会も充足されるべきである。自ら興味のある対象を描く経験の量に比例して，子どもたちの描画の発達は進む。子どもたちは，保育室の片隅で自ら描き，友だちをまね，その日に思うように描けなくても，次の日は工

夫して少し描けるようになる。このような経験から子どもは周囲の文化環境を取り入れて，自分自身で表現力を発達させていく。安心していつでも描ける，遊べる環境や機会が保障されて，子どもたちははじめてのびのびと想いを表すことができる。

　また子どもたちが，集団で絵を描くなかでは，友だちの絵から構図や部分を模倣することで，互いに影響を与え合っている。「模倣度の高さが描画能力の成長」につながり，「模倣は描画表現のきっかけや創造の契機となる」という報告がある（奥，2004：59-70）。集団で描く機会は，さりげない模倣において，他者を意識することで自らの表現活動を豊かにする効果がある。ただし，これは子ども自身が部分的に選択した模倣であり，与えられたものではない。模倣をしいられて繰り返すだけの子どもは，自らの試行錯誤による描画発達を置き去りにしてしまうため，実際の成長にはつながらない。

　保育者が，さまざまな発達のどの子にも見栄えのする作品を残したいと考えすぎると，少しのきっかけを与えるだけで十分なはずの設定保育は，どの子にも画一的で誤った単なる描画法になってしまうことがある。「はじめに，お父さんのお顔をお団子みたいに丸く塗りましょう。できたかな？　次は髪の毛です。」このような画一的な作品づくりの保育をしてしまう場合である。こうした場合が日常になると，子どもたちは育っていくための思考を表せないだけではなく，先生の指示から間違ってはいけないという緊張感をもち続け，描画や造形活動は子どもに不安をつくりだす活動となってしまう。

　子どもたちの育ちを援助する造形活動において忘れてはならないのは，誰のための保育であり，何のための保育かということである。保育者は，作品を残すためだけの保育になっていないか，おとなのような作品をつくったり描いたりさせるための保育になっていないか，つねに問いかけることが大切である。もちろん，子どもたちのための保育であって，表現活動を通して成長していくための保育である。リード（Read, H.）は，『芸術による教育』（*Education through Art*）という著書を残している。子どもたちはさまざまな材料素材を体験し，ものと対話しながら，または，ものを通して保育者や友だちと言葉や行動で対

写真6-1　0歳児の保育（大阪：たんぽぽ保育園，保育造形研究会）

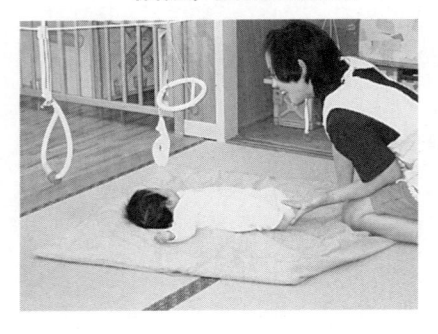

話しながら，互いの関係のなかで自分なりの表現をさぐり，育つ。子どもたちが試行錯誤しながら遊びに満足し成長できる，子どものための造形活動の援助を心がけたい。

（2）乳幼児からの造形表現

　0歳児に上手な作品を求める人はいるだろうか。それが，5歳なら上手な作品をつくらなければならないとしたら，なぜ急に変わってしまうのか。育ちにあった造形は，発達段階によって活動の質を変えるが，保育の本質を変えるものではない。適切な援助は，子ども自身による自発的な活動を発生させる。幼児の活動は，乳幼児からの育ちや発達を基盤として存在する。保育者が，子どもの発達段階に見合った活動を用意することで，乳幼児から造形活動を積み重ねていくことができる。子どもたちは，自らの興味に沿って遊びを発見する。保育を0歳児から積み重ねていくことで，子どもたちは，次のレディネスを整えている。

　0歳児クラスは，月齢によって「ねんね」から歩きはじめまでのさまざまな発達段階の子どもたちが，同じ空間にいる。保育者は「ねんね」の子どもが，ものを追視できるようになると，揺れを目で追えるおもちゃや，手でひっぱってみたりなめたりできるおもちゃを身近な素材から用意したい。なめることを考えれば，殺菌処理をしておく配慮も必要である。「お座り」ができる子どもになると容器から素材を出し入れし，音のするおもちゃを振って楽しむ。「はいはい」ができるようになると，音のするおもちゃを転がして追いかける。「つかまり立ち」できるようになると，子どもの目線の高さが変わるので，子どもの背丈くらいまでの高さの壁や用具に工夫して，穴や入れ物から素材や小物を出し入れできる。「伝い歩き」できるようになると，支えになるものを用意すれば，自ら押して歩こうと試しだす。いずれの場合も，音がする，鮮やか

な配色で識別しやすく，つかみやすい素材を用意するなどの工夫が子どもの意欲や刺激につながりやすい。また，誤飲の可能性があるので，簡単に口のなかに入ってしまうサイズのおもちゃは避けるか，そのものに紐をつけてとれないようにするなどの配慮をしたい。そして，保育者とのかかわりが密接な時期は，子どもの活動を側で見守りながらおもちゃや素材の受け渡しや子どもが安心して楽しめる援助をするなど，子どもの求めに寄り添った保育をすれば，十分に子どもたちは遊ぶ力を発揮する。

　1歳児クラスは，かなり歩けるようになってくるが，身体のバランスが保ちにくいため，転んでも怪我につながりにくい環境構成を配慮する。また，0歳ほどではないが，誤飲の危険性を考慮した素材を用いたい。まだ，手指の発達は未熟なので，発達を促せるような軽い素材ややわらかい素材などで，小さな力でも形を変えられる材料を用意しておく。言葉の理解が目立ってくるので，保育士は遊びに沿った言葉がけを行うことで，ごっこ遊びが可能になるし，子どもは，言葉にならなくても，指差し行動などで理解をしていることがわかる。押し入れの下などのスペースやお気に入りの場所を見つけるので，座った状態で安心して活動ができるとともに，保育者は歩いて移動する子どもへの配慮を同時に行う。保育室の隅っこや壁，棚に仕掛けをすることで，0歳児よりも活動の範囲や空間は広がる。保育者と一緒であれば，子どもによっては子ども同士でも単純なごっこ遊びができるようになってくる。

　2歳児クラスは，歩行が自由にできるようになり，少しずつ腕の力もついてくるので，筆も持てるようになり溶き絵の具で遊ぶことを考えてもよい。ただし，指で絵の具に直に触れるなど形にならなくとも自由に描く経験を大切にしておきたい時期である。「シール貼り」もできる。後半になれば，はさみを使えるので，「一回切り」程度の遊びを考えられる。簡単な言葉を話し，手指も少し発達して，やわらかい粘土なら「お団子」や「へび」など単純な形がつくれる。造形活動における簡単なごっこ遊びや構成遊びをテーマに沿って楽しむ。容器を持って歩くことができるので，素材を集める，素材を積み上げる，素材をさまざまなサイズの容器に入れてみるなど，少し活発になって，単純な素材

体験や構成遊びからごっこ遊びへの展開も考慮しながらゆっくり楽しみたい。この時期の子どもたちには，自分から活動したい，素材に働きかけたいという積極的な気持ちが増してくるので，保育士はそれを大切にして，自分で遊びを行っていけるような援助を心がけよう。

　3歳児は，幼稚園に入園してきた子どもたちと，それまでに保育園で造形や友だちとの経験を積み重ねた子どもたちとで，それにかかわる発達の差がみられる。さまざまな造形経験を通して，自ら遊びをみつけ，保育者や友だちとのやり取りを楽しめるように援助を行っていくなかで，子どもたちはどんどん育っていく。構成遊びを十分に行ってからみたてを楽しみ，小麦粉粘土や新聞などから単純な形をつくれ，プリンカップやアルミホイルなど，援助における用具を工夫できれば，子どもの遊びはさまざまな試みに発展する。構成遊びでも，積み重ねがあれば，かなり発展的に自ら応用できるし，色水遊びでも自分の色を追求でき，じっくりと取り組める。子ども同士のやり取りにおいて言葉も発達し，共同で遊びの方向を決定していくし，子どもたち自らの遊びの結果が作品としてみえるようになる。片付けにおいても遊び用具の配置や，楽しく片付ける方法を考えれば自分たちでできることが増える。そして，子ども同士で遊ぶ楽しさと，その反面でうまく遊べずにけんかをしてしまう葛藤が起こるので，互いの関係にも配慮をしておく。

　4歳児は，素材に対してイメージをもてるようになり，細かな素材遊びが可能になる。素材からみたてた人や動物を表現できるようになり，はさみも使えて，他者からみても具体的なイメージがわかりやすくなる。絵画表現においてもおおらかな表現から細かい表現へ移行するので，描画材料における感覚的な遊びの素材から描きやすい用具まで材料用具の準備に配慮したい。また，その子らしさの工夫や想いが表れやすいので，さまざまな材料を自分で選べるようになる。この年齢だからこそできる未熟さと豊かさのともなった表現力を大切にしたい。集団で遊ぶことで自主性と社会性が育つ時期でもあるので，言葉がけとともに用意や片付けなど自分でできる役割をもたせる。

　5歳児は，身体的な力もついてきて，描画や造形の経験が少なくても，小さ

な落書きをくり返して楽しく描く機会をつくり，子どもたちの興味に沿った素話や，ちょっとした技法を取り入れた造形など，きっかけを与えることによって，驚く程に成長する。造形活動中は，丁寧な作業を援助することで，表現力がつくとともに子どもたちの集中力が継続し，お話を落ち着いて聞くことができるようになる。保育者が指導すべき基礎をきちんと伝えれば，それをもとに自分らしさや豊かな想像力を表現できる。共同での遊びや造形活動によって，お互いが成長できる。

写真6-2　5歳児（大阪：たちばな保育園，保育造形研究会）

　以上，月齢や年齢による遊びや活動の段階があることを理解すれば，保育における造形活動は必ずしも作品をつくることではないと自然に理解されるであろう。子どもの身体的な発達のみならず，保育者の理解と援助があれば，子どもたちは，一人ひとりの想像や思考，展開を楽しみ，夢中で遊び，できなかったことができるようになって自信をつける。

（3）保育者の役割

　目安としての造形活動の段階を述べてきたが，これらすべての活動において，保育者の言葉がけや子どもとのやり取りといった援助は，何より大切である。言葉がけや動作を子どもと同じにする，次に発展する対話，子どもとともに楽しみ悲しみ喜ぶ，共感する姿勢が子どもの安心と自信につながり，子どもたちの表現力を最も高める。技法の指導も重要であるが，子どもと同じ目線で考え喜び，子ども同士の関係と，子どもとの関係をつくる援助で，保育者もともに育つことを大切にしたい。

　保育者は発達段階に合わせて，心身ともに育っていく造形活動を考えるべきであり，そのために，子どもたちが楽しく造形活動に取り組めるような設定を

普段の遊びから応用して考える。技法遊びもその1つであり，季節や子どもたちの経験に合わせて，食物や料理，動物，虫，植物，地域なら公園や店など，子どもの身近な題材を設定や環境づくりに取り入れる。ただし，子どもたちも私たちと同様に，よく知らないことを描いたりつくったりすることは難しい。まずは保育者が事前に自ら題材を体験し，研究して，援助や素材について考えておく。子どもたちの日常という経験を造形活動にうまく生かせば，子どもたちのより生き生きとした表現がみえてくる。そこから，子どもたちはそうした経験を再構成して，創造性を高めていく。「視覚芸術における創造性」についてアイスナー（Eisner, Elliot W.）は，4タイプを示しており，そのすべてが既存の物事を創造性の要因としている（アイスナー，1986:253-269）。子どもたちも，おとなも自らの経験を生かして表現を深めていく。造形活動において，子ども自身の自由度が必要なのは，こうした自らの経験や試行の上に創造性が生まれるためである。そうした観点からすれば，技法遊びなどの表現遊びでは，繰り返し行えることが重要である。遊びのなかでは，子ども自身がくじけず，あきらめず，友だちや保育者の言葉で発想を豊かにする経験を楽しみながら，繰り返して表現していけるように保育者はゆったりと励ましていく。

　こうして，子どもたちなりの工夫や考えが表れた時，作品には深まりや豊かさが表れ，芸術性が生まれる。芸術は，決して芸術家のみのものではない。芸術は人々の心を動かすものである。私たちおとなが子どもたちの表現をみて楽しくなったり，かわいさに笑ったりした経験はないだろうか。子どもの無造作な作品にも時に芸術性をみることができる。保育者は，子どもの日常の生活や経験がもたらす驚きや感動，子どもの想いが原動力となって子どもたちの造形表現が深まることを忘れないようにしたい。

　子どもの日常，生活といった経験の上に，毎日をともにする保育者だからこそみえる子どもたちのお気に入りのものや流行の遊びがある。これらを造形活動に生かせば，子どもたちは楽しく，遊びは活発になり発展を遂げ，子どもの思考を大切にする造形活動が生まれる。そして，つねに目の前の子どもたちによりよい保育を提供することをめざして，保育者は学び続ける必要がある。教

材開発や材料研究と，援助や技術，環境構成の工夫以外にも，園内研修，研究会などによる研修は日常を支える保育者の学びとやる気の栄養となる。研修は，個人の問題だけではなく園全体や地域全体を含んだテーマである。

2　造形表現の理解と読み取り

(1) 写真による記録

　造形表現は，子どもたちの成長の軌跡であり，この意味を知ることができれば，一人ひとりの子どもたちが，何を考え，何を感じ，何に感動し，何を工夫し，どんな挑戦を行ったのか理解できる。実際に毎日子どもと表現活動を行っている保育者であれば，その時の子どもとのやり取りや活動の様子，自らの経験や知識に基づいて，表現の意味を知り，子どもの成長を見いだすことも可能である。ただし，多くの保護者は，そうした作品に表れた子どもの表現の意味や成長の軌跡を十分に理解できずにいる。言語の未発達な段階にある子どもや，園における友人関係は，保育者が活動状況や表現について説明を補うことで保護者に伝わることもある。

　そして，実際に子どもたちの様子を保護者に伝えるには，保育者による言語的な説明だけではなく，視覚的な説明があると，子どもが夢中になって遊ぶ姿や生き生きとした表情などから，現実感が高められる。視覚的材料があれば保護者に子どもの様子が伝わりやすい。ある園で子どもの活動記録を掲示していたが，保育者が時間をかけてつくっても，文章による記録を保護者はあまり見ていなかった。しかし，子どもの写真を多用しながら説明を入れ

写真6-3　活動掲示（大阪：たんぽぽ保育園，保育造形研究会）

写真6-4 ポートフォリオ（シドニー日本人学校）

るように掲示を変えたところ，保護者はじっくりと目を留めて見てくれるようになったという例もある。

その上，造形表現の方法が，造形遊びであれば，子どもたちの活動における成長を保護者に見せることは作品よりも困難である。ところが，現実には子どもたちの造形活動では，大部分が遊びから発生し，表現の過程も遊びながら進んでいく。作品ではなく子どもたちの活動に価値を置くことを保育者が伝えていければ，保護者は子どもたち自身ががんばったことを誉められるようになる。そのためにも，保育者は言語的な説明とそれにともなった保護者にわかりやすい視覚的な提示と，興味をもちやすい掲示方法をとることが求められる。

（2）ポートフォリオ

子どもたちが共同で行う活動を記録できる写真は重要である。同時に，個々の子どもたちの活動やメモ，描画など，毎日の成長の記録を残すことも大切である。ポートフォリオは，作品そのものと写真はもちろん，時間をかけた作品がそれに至るまでの構想メモ，毎日の落書きなど，子どもが自らファイルし，保育者，保護者，子どもが共有できる。ファイルに入れていく形式が基本であるが，大きめの画用紙をつないで束ねて何でも貼っていってもよい。子どもたちの描画の連続的な変化を通して子どもたちが追い求めているものや興味が成長の記録として残される。そして，子どもたちや保育者自身の保育への評価や振り返りにもなる。送り迎えをする際に保護者はいつでも自分の子どものポートフォリオを閲覧できるようにしておくことを留意したい。ポートフォリオは，従来のプロダクト評価から，データ収集による課題解決のプロセス評価に代わる評価の方法である（加藤，1999：34）。毎日の保育だけに目を向けず，年間を

通じた子どもたちの成長を，保育者と保護者，そして子ども自身で理解したい。

（3）造形展

　作品を公表する機会として，造形展・作品展・生活発表会などの行事がある。これらの行事は，子どもを成長させられる機会でもある。子どもは，自分たち自身で何かをやり遂げることの達成感や，満足感などで，自らに自信をつけて成長する。そのような機会としては，行事は重要であり，最終的には子どもたちも保育者も気持ちを1つにして，会に向けて良い作品を制作しようとすることは，保育者にとっても子どもたちにとっても意味がある。しかし，作品づくりのための保育をすると，作品そのものに子どもたちの気持ちや考えが反映されず，その結果，子どもたちによる試行錯誤がなされない，簡単で画一的な作品になるか，指導者に強要されたおとなびた作品になる恐れがある。そこで，子どもたちと楽しみながら日常の学びや作品について発表会を用意する工夫が必要である。

　その工夫とは，第1は遊びを展開させていく工夫であり，第2は見せる工夫である。第1の遊びを展開させていく工夫は，たとえば，小箱でカメラをつくり，園外への散歩や園内探検を行う際に，このカメラを持っていって（小さな絵を描いて）写真をとっていく。窓をくり抜いた小箱やアルバムなどの透明な袋に，子どもが絵を見られるような状態でこれらを蓄積していく。次は，この絵と箱を使ってテレビや額縁をつくってもいいし，絵を模造紙に貼っていってみんなでお散歩地図をつくってもいい。子どもたちの「〇〇みたい」という言葉を大切に，保育者は次の遊びの予想と準備を行い，遊びを展開させていく。また，第2のみせる工夫では，行事において大小さまざまな作品（大作から落書きまで）を展示する。それには，子どもたちが保育に用いた段ボールの間仕切や机を利用して，これらを工夫して展示するなら子どもの日常そのままの保育をみせられる。また，窓をくり抜いた多数の段ボール箱を積み上げたり，くっつけて棟や動物にみたてたり，紐でつないだり，大きめの段ボールや解体した段ボールをつないで囲むと，子どもの入れる隠れ家や特別な場所ができる。

これらの窓や壁に小さな作品をぶらさげたり貼りつけたりすることで，一見すると落書きでしかなかった小さな作品が全体を飾る一部として見る者には魅力的に映る。保育者は子どもたちの遊びとともに展示をつくることが求められる。
　以上のように，保育者は写真やポートフォリオ，行事などを利用して，立派な作品ではなく，むしろ子どもたちの日常の活動や，実際の保育とその時の様子を保護者に伝えていく。筆者たち研究者は，常時さまざまな研究をしている。ただし，子どもたち一人ひとりの活動や発話を知っている保育者は，子どもたち一人ひとりの保育専門家である。興味，活動の様子，がんばったことを，専門家として保護者に知らせるべきである。そうした対話をつねにもつことで，一人で子育てに悩む保護者や，仕事をもっている保護者たちは，安心して子どもたちの保育を委ねられる場所や存在を見つけられ，子どもと離れている間でも子どもの喜びや悩みを共有できるのである。

3　遊びや活動を促す工夫

（1）遊びや活動を促す環境づくりと用具

　子どもの造形活動は，集団で行うことで互いの影響を受け合う。描画や造形等の視覚的な活動に限らず，社会のなかで生きていく際に他者の意見を受け入れたりまねをしたりすることは自然なことであり，よりよいものを生み出すための準備である。いつもの保育を行う時に，保育者と子ども同士でそれぞれ互いの活動を見られるような配置になっているか，やり取りができる状況かどうかを考えてみてほしい。
　たとえば，ごっこ遊びの好きな3歳では，保育者の配慮で，造形遊びにはカウンターにみたてた机と，各自の場所やコーナーを確保して安心して活動ができるダンボールの間仕切が用意される。これによって子どもたちは，彼らなりのごちそうをつくっては，売って，お金を払って食べて対話するという一連のやり取りでごっこ遊びをする。そして，子どもたちは，また新たにつくっては，新たな材料を加えていく。保育者は，つねに子どもとのやり取りを行うととも

に，新たな材料をタイミングよく出したり，散らかったものを片付けたりしながら，子どもからの発話を引き出して新たな展開をもたらす対話における司会者のような重要な役目を担っている。

写真6-5 冷蔵庫（大阪：清教学園幼稚園，幼児造形 Kôyasan 集会）

　また，子どもたちが遊びを通してつくったごちそうは，冷蔵庫や電子レンジと称した棚や箱で，擬似的に冷やされ，温められ，子ども自ら展示する場所に集められる。そして，「冷やしてもっとおいしくするよ」といって，出し入れをしている。同様に，オーブンにみたてた作品乾燥棚，魚の絵を入れるプールやビニール，お店の商品を並べる模造紙などを用意しておくこともできる。この時，子どもたちは，それぞれにつくられて集められたさまざまな結果の作品を見ることもでき，たくさん集まった色とりどりのごちそうへの喜びや新たな工夫も生まれ，みんなでつくればごちそうはよりおいしくなるという気持ちの楽しさも増していく。子どもたちが動きやすく対話をしやすい配置と，実際に活動し出した子どもたちに合わせて配置を変えるなどの配慮も含めて，保育者は物理的な工夫をすることによって子どもたちの遊びを促し，活動を深めることができる。

　加えて，子どもたちがごっこ遊びに夢中になれば必要となるのが，ごちそうなどを運び集めるためのおぼんやカバンであり，遊びを楽しむための子ども用のテーブルと椅子である。そして，素材を集め入れ，飾るためのプリンカップや卵のパックなどの容器や空き箱，食べるふりをするスプーン，飲むふりをするコップやストローが必要になる。カバンやおぼんを使えば，片付けも子ども自身で集めることを楽しみながら行える。

　また，子ども自身で活動を選択して行えるコーナー式の保育においては，机やイーゼル，溶き絵の具やペン，紙などが常時用意されていたり，絵本やまま

ごとのコーナーでは畳やソファーセットで，子どもにとってのくつろげる場所が配備されている。戸外では，園庭にある砂場の側にも用具を配置したり，小屋や，木陰，シートを張った半日陰をつくって，かくれんぼをしたり，隠れ家や一休みする空間を用意できる。園庭に畑をつくったりプランターを用意したりして野菜や果物，お花を植えて子どもと育てたり，造形材料にしたりするなど，さまざまな工夫が可能である。これらは，ごっこ遊びに役立ったり，絵を描くまでの気持ちを育てたり，染色に役立ったり，造形素材に用いるなど，動植物のすべてが子どもたちにとっての日常における環境づくりである。ただし，コーナー式保育では，子どもの興味によって，遊びの経験に偏りができることも事実なので，保育者は，これらをうまく利用できる設定保育や自由保育を考える。

（2）遊びや活動を促す材料

　土や砂などの自然素材は，保育者や保護者の見守るなかでいかなる年齢の子どもにもつねに重宝される。その他，材料素材については，年齢や発達段階によって熟慮されなければならない。子どもたちの造形活動では，安全性の高い素材であることが重要である。乳児であれば，口に入れて確かめようとするので，誤飲の危険性を取り除くか，食べてしまっても問題のない食材から材料を用意することが可能である。食品素材では，小麦粉粘土，片栗粉，寒天などがあり，まずは触感などで十分に遊んだら，食紅などで彩色をした材料を用意することで異なった遊びへの展開が考えられる。そして，誤飲の心配がなくなってきたら，これらに加えて，新聞紙，おがくず，プラスチックのチップ，木片，枕ビーズ，ビニール，自然素材，容器ならプリンカップやフィルム容器，乳飲料の容器やスプーン，空き箱，牛乳パックなどが利用可能である。こうした素材は，子どもたちが繰り返しさまざまに遊びを試していける材料であり，子どもたちの小さな力でも簡単に変化を見いだせる。低年齢の子どもは，具体的な形のイメージを定めてから遊びをはじめるのではないので，感触を楽しみ，遊びながらイメージのみたてを何度でも行える素材がよい。そして，発達が進む

に従って，粘土やペンを用いるなど，工夫次第で自らの想いを詳細に表現できる発展性のある材料を用いる。詳細な表現や豊かな表現には，材料素材や用具，保育者の使い方や用い方の技術的な指導が基盤となる。

　子どもたちは，日常で安心して使える土や砂などの材料だけではなく，設定保育などで保育者が用意してくれる材料に出会うことで，新たな活動にも出会い，挑戦をしていく。同じ模倣遊びであっても，素材が異なれば異なった展開がある。子どもたちの成長には，こうした多様な材料や状況における経験が必要である。そして，こうした造形活動の経験と，保育者が子どもたちの日常における生活経験と連動させることでイメージは豊かになる。季節の移り変わりに見られる草花や虫たち，行事や，園での飼育体験，友だちとのかかわり，家庭での出来事など，現実の経験や知識が豊富であれば模倣のイメージも豊かになる。毎日，おとなが野菜を包丁で切ってフライパンで炒める料理でも，電子レンジで温めるだけの料理でも，子どもにとっては，その姿から遊びの知識を得ている。保育者は子どもたちの生活が造形活動の基盤になることを理解して言葉がけを行えば，材料素材そのものだけではなしえない子どもたちの想像力や表現力を拡大させるきっかけを与えられる。おいしそうなイチゴの絵が描かれるには，子どもとともに苗に水をやりイチゴが色づいたらとって食べる，心を育てる経験と描いた絵を「真っ赤なイチゴがおいしそうね」と子どもを認めて喜んでくれる保育者の姿が援助となる。

　子どもにとっての造形活動は，作品をつくるために行うのではなく，子どもたちの心身の育ちを支えるためにある。筆者は保育現場において，乳児が人的，物質的に整えられた環境のなかで人や素材と対話する多大な力があることに驚かされる。各々の子どもたちが夢中になって遊ぶ姿の先には，子どもたちのさまざまな素材への試行錯誤や工夫がみえる。保育者の援助によって，子どもたちの可能性は引き出される。子どもたちが問題を解決していく姿は，私たちおとなが社会において新しいものを生み出し，つくり出す瞬間の姿につながっている。造形表現は社会につながる1つの方法であり，保育者は援助によって子どもの笑顔や成長を引き出してほしい。

> **学習課題**
> ○子どもの育ちと造形表現について、考えをまとめてみよう。
> ○造形表現の理解と読み取りについて、必要なキーワードを書き出してみよう。
> ○遊びや活動を促す工夫について、意見を出し合ってみよう。

参考文献

アイスナー，E.W., 仲瀬律久他訳『美術教育と子どもの知的発達』黎明書房，1986年。

奥美佐子「幼児の描画過程における模倣の効果」日本保育学会編集常任委員会編『保育学研究』第42巻第2号，2004年。

加藤幸次・安藤輝次『総合学習のためのポートフォリオ評価』黎明書房，1999年。

新・保育士養成講座編纂委員会『新・保育士養成講座 第3巻 発達心理学』全国社会福祉協議会，2002年。

リード，H., 宮脇理・岩崎清・直江俊雄訳『芸術による教育』フィルムアート社，2001年。

（丁子 かおる）

第 7 章 造形表現の展開と可能性

　本章は、活動を援助する立場の保育者や保護者が、幼児をより豊かな造形活動へ導くための姿勢と、教養として身に付けておくべき知識を簡略にまとめている。まず、造形表現と素材の可能性について、描画材料と工作材料に分けて述べる。各材料の特性と同時にそれぞれが幼児にとってどのような意味があり、どのように扱うべきなのかを解説している。次に、造形表現の発展と可能性について述べる。それは、コミュニケーションとしての造形表現のとらえ方、発展的造形表現へのアプローチ、造形以外の表現やほかの領域との融合的表現への広がりの紹介から成り、より広義の造形活動への示唆を意図している。さらに、造形表現と生活について、衣食住とのかかわりや季節・行事のなかの造形要素を確認し、幼児の造形活動に関して保育施設と家庭との連携の重要性について述べる。

1　造形表現と素材の可能性

(1) 描画材料

　幼児のための描画材料のうち、幼児が、気軽に使えることを基準にして準備されるものとしては、クレヨン類・色鉛筆・フェルトペンなどがある。それぞれに特徴があるので保育施設、また幼児の家庭においても複数種類を準備している。これらは、一般に線描を主とした描画に使われる。クレヨンは、顔料を蝋で固めたものであり、ギリシャ時代にその原型が生まれ、長い歴史をもつ描

写真7-1　フェルトペンでポリ袋に描く幼児（4歳児）

写真7-2　クレパスで線描の後，絵の具で塗った絵（6歳児）

画材料である。パスは，蝋を減らして油脂で固めてつくられ，やわらかくてもろいパステルとクレヨンの中間の硬さと性質をもつ。現在では，蝋を多く含むものを幼児用としてクレヨンと呼ぶ場合が多い。幼児への配慮から蜜蝋を使ったり，樹脂で固めたプラスチッククレヨンもある。形状は，よくみられる円柱状のほかに，幅広く塗ることができるように直方体に加工したものもある。

　フェルトペンは，水性と油性の両タイプがあり，透明な着色となる種類が多いが，不透明なものもある。力の弱い幼児にも使いやすい。細い線が描けるものから幅広く描けるものまで多種類が市販されている。色の混合や濃淡の調節が困難であるなど描画材料としては制約が多く，色も筆致も単調な絵に陥りやすい欠点がある。重要な特長としては，紙だけでなく幼児の工作用素材等への定着のよさがあげられる（**写真7-1**）。

　水彩絵の具には，透明水彩用と不透明水彩用があり，幼児には不透明水彩絵の具に属するものが普及している。水彩絵の具類は，面を広く塗れる，色を混合しやすい，濃淡を使い分けることができるなど優れた長所をもつ。しかし，水分の調節の難しさや混合によって色が濁るなど，幼児にとって扱いが困難な面がある。衣服や室内を汚しやすいので，家庭では敬遠している場合もある。保育施設では，さまざまな濃度や技法を適切に用いて，是非とも水彩絵の具を経験させたい。幼児がのびのびと使え，描画の楽しみを広げられるように，保育者が，用具等の環境を整え，段階を追って使用する機会を設定するとよい。

第 7 章　造形表現の展開と可能性

表 7-1　描画材料の性質と扱い・保管

	クレヨン・パス	フェルトペン	色鉛筆	水彩絵の具
性　質	不透明。クレヨンは紙の上に塗るとかすれやすい。色の混合や重ね塗りに適さない。パスは，色を混ぜたり重ねたりしやすい。	色は鮮やかで透明な種類と不透明な種類がある。線の太さは一定。色の混合や重ね塗りに適さない。さまざまな素材に描ける。	色付きは淡い。芯が細いので細い線描となる。色の混合は重ね塗りによって行う。	幼児には不透明なものが主に使われる。色を混ぜたり重ね塗りも可能。線の太さを変えたり広い面を塗ることもできる。
扱いと保管の難易度	扱いと保管は簡単。面を塗りつぶすには力がいる。パスは，折れたり汚れたりしやすく，手や描画面を汚しやすい。	重ね塗りをするとペン先が汚れる。キャップの着脱の面倒さがある。ペン先が乾燥したりインクを消耗したりするので保管はやや困難である。	塗りつぶすには適切な力の維持が必要なので扱いはやや困難。芯が折れやすい。芯を削る作業が必要である。	通常は筆などの道具を使う。描画中に色が混ざったり流れたりするので扱いと後始末は困難である。固形・粉・練り状などの形態があり，幼児が保管するのはかなり困難である。

　筆を使わず指や手足など体で触感を楽しみながら水彩絵の具に触れるフィンガー・ペインティングやボディ・ペインティング，また，ドリッピング（たらし絵）やデカルコマニー（合わせ絵）など，偶発的な表現を試みることもできる。これらの技法は，絵の具に親しむと同時に，自発的に表現する意欲をもちにくい幼児にも造形活動を楽しく経験させることができる。筆で細部を描くのに十分慣れていない段階では，クレヨンやパスで輪郭線を描き，上に水彩絵の具を塗ると水彩絵の具がはじかれ，線が浮き出るという混合技法も利用できる（**写真 7-2**）。

　表 7-1 は，これらの描画材料を幼児が扱う場合に留意すべき性質と扱いの難易度についてまとめている。保育者は，それぞれの特徴を理解した上で幼児の造形表現を援助すべきである。

　幼児の描画では，描画面となる紙についての配慮が必要である。クレヨンやパスでなめらかに描ける紙質を選んだり，水彩絵の具やフェルトペンには，吸水性があり発色のよい紙を選ばなければならない。大きさは，幼児がのびのびと描くことができるよう，十分に大きな紙を準備したい。机の上の活動に限定するのではなく，時には床の上や壁で大きな紙を用いる機会を与えたい。紙だ

けでなく，広い地面に体を動かしながら棒きれで描いたり，安全面に注意しながら舗装地面に蝋石やチョークで描くなど保育者は，柔軟な姿勢で描画活動をとらえたい。

（2）工作材料

自然素材と加工素材　　藁や竹，貝殻，石ころや雑草などのかつて身近に豊富にあった自然素材が急速に姿を消している。現在では，自然素材を常備したり，幼児がつくるのを援助するのが容易ではない。そこで，竹とんぼの代わりに紙トンボ，藁の代わりにプラスチック紐，貝殻の代わりにプラスチック容器類，小枝の代わりに割りばし，数珠玉の代わりにビーズというように，人工素材や工業加工品で代用できれば工作遊び自体は，継承される場合がある。工作材料としては，都合のよい人工素材の種類は増えているので，柔軟に考えれば工作材料には困らないであろう。しかし，まつぼっくりやどんぐりなどのように素材自体が，幼児にとって魅力となっている場合も多い。木の実や石を拾って遊び，草や花を採集して楽しむ過程で，自然に親しみ豊かな感性が育つと考えれば，現在は工作材料の変化だけでなく日常的に自然に接する機会が減少している。

　身近で費用のかからない工作材料として，加工素材の日用品やその容器の再利用が急増している。たとえば，ペットボトルは，幼児が貼りつけたり塗ったりする加工が可能であるうえ，おとなが手伝えば切断も可能となる。透明で内部が見え，蓋をすれば液体も閉じこめられる。ガラスのようで割れる危険が無く軽い。ビニール袋は，サイズや厚さや色もさまざまあり，紙のように切断などの加工が容易で水に強い。空気を閉じこめると風船としても使えるなど，便利な材料となる。その他，卵のパックや各種の商品の梱包材として家庭に入ってくるプラスチック類の多くは，加工が簡単にでき，水に強く，軽く，セロテープで接合できるなど多くの工作に都合の良い特徴をもつ。幼児が，これら新しい素材に興味を感じて働きかけるとすれば，造形表現の可能性は広がっていく。

写真7-3 着色した小麦粉粘土で遊ぶ幼児（3歳児）

粘土の種類　狭義の粘土は，粒子の細かい鉱物で水分を含んで粘性をもつ状態のものを指すが，幼児の工作材料としては，このほかにも水分の代わりに油を加えた油粘土，小麦粉に水分などを加えて練り混ぜた小麦粉粘土，パルプなどに粘着材を加えた紙粘土，樹脂粘土や蜜蝋粘土など多種類がある。これらを区別するために本来の土と水を練り合わせた粘土を土粘土と呼ぶ。

　土粘土は，可塑性が強く造形素材として優れているが，保存中あるいは使用中にも水分が蒸発するため注意が必要である。保育者は，適切な状態を維持する管理能力を求められる。粘土に慣れるために3歳児位から，ちぎって丸めたり延ばしたりする遊びに用いるとよい。ランバート・ブリテン（Brittein, W.L., 1979）によると，4歳児では，粘土を使ってひも状のもので線を表すなど，描画表現に近い表現にとどまり，立体表現はまだ少ないという。その後，幼児が粘土の扱いに慣れ，立体的な表現へと関心が高まっていくにつれて粘土のもつ長所が，一層活きてくると考えられる。

　油粘土は，水の代わりに油で練ることによって土粘土の保存の難しさを解消する。幼児が，望む時にすぐ取り出して使えるので，多くの保育施設で比較的年齢の高い幼児のために準備されている。

　小麦粉粘土は，小麦粉と水を約2対1の割合で練り混ぜてつくる。食紅や絵の具で色を付けたり，保存のために塩や酢を加えたり，なめらかさを増すために油を少量加えてもよい。可塑性は土粘土より劣るが，土粘土を使う以前の2，3歳児には，やわらかい小麦粉粘土が，感触を楽しむことを主にした遊びに適す。色分けした小麦粉粘土を4，5歳児のままごと遊びに使ってもよい。口に入れても無害な素材であるが，長期保存ができないので保育者が使用に先立ってつくる必要がある（**写真7-3**）。

写真7-4　折り紙を色面素材として工作に使用している例

紙粘土は、土粘土に比べると可塑性、粘着力ともに弱く、乾燥するとつくり直しができないなど制約が多い素材である。しかし、作品を残したい時や作品に着色したい時には適する。重量の軽いものや薄く延ばして使えるもの、液体のような状態のものなど多種類が市販されている。

紙　類　さまざまな工作に適する素材がある現在でも紙は、幼児に最も親しみやすい素材の1つに違いない。和紙と洋紙のほか、厚さ硬さなど多種類がある。幼児の工作材料に適する長所としては、加工がしやすい、用途に合わせて多様な種類が手に入りやすい、そして安価であるなどがあげられる。

　幼児の工作材料に適する紙の種類は、画用紙・上質紙・クラフト紙・段ボール紙など身近に多様にある。画用紙は、幼児が加工しやすいので白画用紙、色画用紙ともに工作に適している。折り紙と呼ばれる正方形の着色紙も薄くて小さな規格品が一般的であるが、折り紙遊びだけでなく色のついた材料として用途が広い。折りたたんだり、はさみで切ったり、でんぷんのりで貼りつけたり幼児に扱いやすい（**写真7-4**）。

　材料として市販されているものだけではなく、紙のなかには、再利用として工作材料に使えるものも多い。新聞紙は、大きなサイズで廃品として身近にあり、やわらかいので幼児の力で破ったり、丸めたり、折ったりできる魅力的な材料である。段ボール紙は、大きな厚みのある材質でできた箱形をそのまま利用すると、幼児が入ったり乗ったりできる大きな工作ができる。丈夫で、取り扱いにともなう危険が少ないため、再利用しやすい。**表7-2**は、幼児の工作材料としての紙の加工についてまとめている。

第**7**章　造形表現の展開と可能性

表7-2　紙の加工と対応する性質等

	表面加工		変容的加工		
手　　法	塗る・染める・貼る	ひっかく・こする	折る・曲げる	切る・破る・ちぎる	丸める
対応する性質	吸湿性がある	表面が柔らかい	柔らかいが腰がある	分離するが崩れにくい	薄くて柔らかく可塑性がある
道　具　等	描画材料・染料・紙用接着剤等	先のとがった釘等・硬い石等		はさみ・ナイフ等	

2　造形表現の発展と可能性

（1）コミュニケーションとしての造形表現

　造形表現をコミュニケーションという視点でとらえると，表現と表裏一体の作用である受容能力について，配慮しなければならない。作品は，作り手から鑑賞者へ向けたメッセージであり，それを受けとめようとする体験は，表出作用ではないが他者の表現や外界の情報を受容する行為であり，情報分析力と感性を高めてより豊かな表現活動へつながる。他者の表現を理解する一方で，幼児自身の思いを表現したいという意欲のもとに造形活動が営まれる時，それぞれにコミュニケーションとしての造形表現が成立しているといえる。鑑賞や観察そして受容と表現の繰り返しにともなって，より深い心の活動能力を獲得することこそが，保育における造形表現のあり方だといえる。

　幼児が植物や生き物に興味を感じて見ている時には，自らの視点をもって観察している場合もあるが，友だちやおとなの誘いにつられて漠然と眺めていることもある。その名称，色や形の特徴などについての情報や確認があれば，幼児はそれをほかから識別でき記憶にとどまる。絵本の場合は，さらに幼児の見たい時に何度でも見られ，言葉からの情報との相乗効果が得られる。昔話であれば，「昔々お婆さんが……」という言葉と挿絵から昔々のお婆さんのいでたちを知ったり，話の背景を言葉と合わせてイメージする。そして，絵からの情報を分析する能力を身に付けると感受性・論証力を高めるといわれる。また，

写真7-5　「海のなか」をテーマにした床全面の大きな共同作品

写真7-6　お店屋さんごっこのための共同制作

絵本の絵は，遠近法などの絵画の技法にとらわれない個性的な表現が多いので，多種類の絵本を楽しむ幼児は，伸びやかで創造的な表現を肯定できるであろう。

（2）発展的造形表現へのアプローチ

　画用紙の大きさにとらわれずに複数の幼児が，広い画面のなかで描画を楽しむ機会をもったらどうだろう。模造紙を幾枚もつないで広げ，テーマを決めて幼児が自由に移動しながら絵を描く。絵の具を何度も塗った部分は，水たまりのようになり紙が破れる。破れるまでこすってみることも，経験としては悪くない。横にいる子の絵をまねて同じような形が並んだりする。満足のいくまで描いた絵は，乾いてから天井に貼るとみんなで鑑賞できる（**写真7-5**）。

　幼児の工作は，素材への興味を出発点として働きかけ，結果として現れる変化を楽しむことからはじまり，意図的な活動へと発展してゆく。幼児の遊びのなかでは，造形活動そのものを目的とする場合や，つくったもので遊ぶ場合など造形表現が遊びのなかで果たす役割は多岐にわたる。たとえば，ままごとなどのごっこ遊びのなかに造形的な要素が，加わることがある。年長児になると，遊びの目的に添って計画的に物づくりが可能となる。協力し相談しながら，それまで培った技術を駆使し工夫する活動の経験を通して，一人ひとりの幼児が，自信をもつきっかけをつかむことができるだろう（**写真7-6**）。

　コンピュータを使ってのデジタル表現技法は，一部ですでに取り入れられて

いる。保育者と保護者に賛否両論のあるなかで家庭でのパソコンの普及にともない，おそらく幼児のパソコンの使用は広がるであろう。このような背景のもとで，積極的にコンピュータによる描画を取り入れるのか，排除するのか，ここではその論点を明らかにしておきたい。取り入れるのに消極的な意見の根拠は，まず，幼児のコンピュータ利用への反対姿勢がある。コンピュータの身体への影響とゲームにのめり込む可能性を考慮して小学生以降にすべきという。次に，コンピュータを使用しての描画に対する消極的意見がある。幼児期の造形活動においては，身体機能と五感を機能させながら素材に働きかける直接体験を重視すべきであるという。さらに，コンピュータの幼児用描画ソフトを用いた時に，描画より操作やその結果生じる画面上の変化の繰り返し自体が目的となりやすい点があげられる。

　それでは，コンピュータを積極的に取り入れる場合の教育的意義は，どのようなものだろうか。まず，最大の効果は試行錯誤が行える点である。幼児が，描画材料で描く途中で気に入らず，描画を断念したり新たに描き直すための紙を欲しがることが往々にしてある。コンピュータでは，一旦描いた絵の部分を消して描き直しができるので試行を重ねて納得のいく作品に仕上げていける。次に，偶発的な形からのみたてや想像を発展させながら描画する過程を大切にでき，途中段階の記録もできる。2人以上で話し合いながら展開していくことが，可能である。さらに，幼児が，イメージを紙の上へ描くときに，まっすぐな線が描けない，思った色をつくれないなど技術的な困難が障壁となる時には，コンピュータの簡単な操作によって解決できることがある。

　幼児の描画にコンピュータを用いるとすれば，これらの長所と短所をふまえ，個別の発達段階に対応できる適切なソフトを準備しなければならない。そして，的確な援助の能力を備えた指導者と綿密な指導計画が欠かせない。

（3）融合的表現へのアプローチ

　演劇やオペレッタ，あるいは人形芝居の一種と考えられるペープサートやパネルシアターは，幼児のさまざまな能力を育てると考えられてきた。ペープ

サートは，明治期から庶民の娯楽や子どもの遊びに別の呼び名で存在していた手法を，第2次大戦後の保育教材がいまほど豊富ではなかった時代に永柴孝堂によって保育教材に取り入れられた。棒を挟んで両側に絵を描いた紙を貼り合わせ，人形として表裏を変化させて使う。パネルシアターは，1970年代に古宇田亮順によって考案され，けば立ちのあるフランネル生地に，切り抜いた不織布が張りつく性質を利用している。いずれも現在まで幼児に人気がある。単純な仕組みなので幼児は，鑑賞するだけでなく，演じたり，絵を描いて人形を作成できる。演じる時には，歌や言葉を交えた表現活動をともなう。

　オペレッタや演劇は，身体表現や音楽表現および言葉による表現と，舞台装置や衣装など造形表現を融合した表現活動として保育の場にふさわしい。『保育所保育指針』の「6歳児の保育の内容」における「内容」の「表現」のうち「身近な生活に使う簡単な物や，遊びに使う物を工夫して作って楽しむ」「感じたこと，想像したことを，言葉や体，音楽，造形などで自由な方法で，様々な表現を楽しむ」「自分や友達の表現したものを互いに聞かせ合ったり，見せ合ったりして楽しむ」(厚生省児童家庭局, 1999)を総合したものといえる。この内容は3歳児から5歳児までの同じ項目に共通する要素が，段階的に含まれる。また，『幼稚園教育要領』の「ねらい及び内容」の「表現」についての「かいたり，つくったりすることを楽しみ，遊びに使ったり，飾ったりする」「自分のイメージを動きや言葉などで表現したり，演じて遊んだりする楽しさを味わう」(文部省, 1998)にあたる。幼児が演じたり自作するのに先駆ける鑑賞は，理解の発達に適した内容であれば低年齢児から開始できる。年長となって幼児が演技を行う場合には，保育者ができばえにとらわれて指図するのを控え，幼児が主体となった活動となるよう配慮すべきである。

　造形表現の基本的な形は，描画と工作であると考えられるが，静止した作品に限定されるものではない。動いたり変化させることができる。映像が，時間の経過につれて変化するためには，アニメーションやビデオなどの装置や高度な技術を要するとは限らない。幼児に制御できる懐中電灯など簡単な光源を使えば，その動きによって投影される像の平面上の変化を楽しめる。影絵の手法

写真7-7 右半分の実物と左半分の鏡に映った像によってできる対称的な形

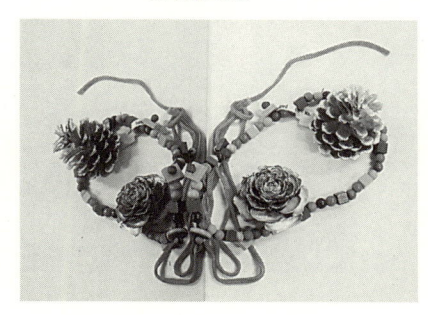

写真7-8 風の力で動くモビール

を使えば幼児自身の創意によってさまざまな遊びへ発展できる。鏡によって対称にできる像は，虚像によるデカルコマニーといえるだろう（**写真7-7**）。身の回りの物理的な原理を利用して，さまざまな視覚的表現を幼児に紹介して鑑賞したり，制作の援助をすれば，豊かな体験につながるであろう。形のない水の流れを造形に取り入れたり，目に見えない風を造形に作用させれば，動きとして視覚的にとらえることができる（**写真7-8**）。このような自然界の原理を造形表現のなかに取り入れた環境の領域との融合的な造形活動は，科学への好奇心を育むであろう。

3 造形表現と生活

(1) 衣食住とのかかわり

　衣服は，保護者が選定して与えることからはじまるが，幼児期には色や形についての好みが表れてくる。男の子だから青，女の子だからピンクなどと衣服や持ち物などを保護者や保育者が指定するのは，色に対する固定観念を形成し，幼児の美意識の発達を損ないかねない。自由な色の選択や経験のなかから色に関心をもち，色の調和を知り，美意識から好みが表れるように図りたい。また，衣服の形については，表面の模様や，かわいい飾りだけにとらわれがちな幼児

写真7-9　クッキー作りをする幼児
　　　　（4歳児）

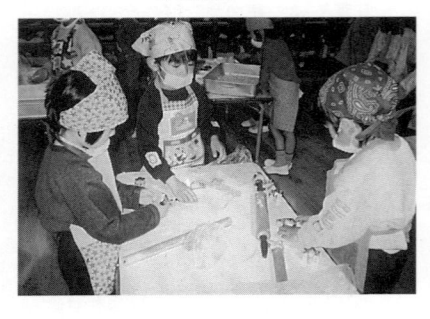

写真7-10　芋掘りをテーマにして幼児
　　　　　の作品を用いた壁面構成

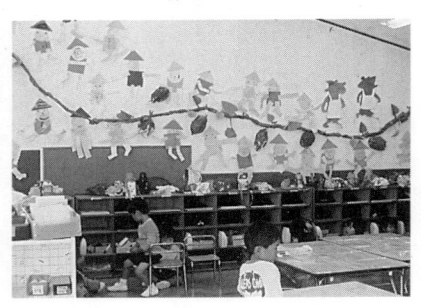

の視点を機能に向けることが，必要な援助であろう。保育施設で服や持ち物を規定したり一括購入するような時には，機能と美しさの両面を備えたものを選び，保護者や幼児の選択の指針となるような配慮が望ましい。

　食物は，幼児にとってとくに身近で関心が高い。味覚と視覚と名称を合わせて記憶として残る。幼児は，成長にともない，日常の食事の材料として店頭に並んでいたり，家庭で目にするものを視覚的に認識する。そして，ちょっと触ってみて触覚的にも確認してみるであろう。家庭や保育施設でおやつづくりなどを行えば，食べ物への関心が一層高まる。クッキーづくりやケーキづくりなどの過程で形をつくったり，飾ったりする時には，粘土遊び以上に積極的にかかわりその変化を楽しむのである（**写真7-9**）。

　住居については，保育室や園庭など幼児を取りまく環境が，家庭における住居のしつらえに相当する。保育室が機能優先で殺風景になっては，幼児が親しみ，うち解けることができない。そのため保育者は，壁面装飾などを工夫して幼児の心を和ませ，季節感があり変化のある環境構成を図る努力が必要である（**写真7-10**）。このような日常的な視覚環境への配慮は，幼児の美意識形成のモデルとなり，造形的意欲を高めることにもつながる。

　生活のなかにある作業を大切にする姿勢が教育的に重要であるということを，ジョン・デューイ（Dewey, J.）は，著書，*The School and Society*（1943）のなかで述べている。家庭の物的環境と，さまざまな仕事から子ども自身のやってみ

たいという衝動が生まれ，作業の結果が具体的な形をとって現れるので，できばえから子ども自身が判断したり，改良点を見つけることができるというのである。

（2）季節・行事のなかの造形的要素

　四季の動植物が，造形表現の題材になったり材料として用いられる。幼児にとっては，チューリップや桜など季節を代表する花を表現したり，蝶やセミ，ザリガニなどの小動物を表現することに興味は尽きない。美しいもの，魅力のあるものを表現したいという意欲が，表現活動につながる。季節のなかでの植物の成長や変化，小動物の誕生や成長は，その変化の周期が短く，幼児が変化を確認できる時に一層感動を与えると考えられる。また，幼児が早い時期から描画のなかに取り入れる太陽は，いいお天気で暖かい状況を表現しているといえる。雨は，傘や多数の点で表したりするが，この状況も幼児にとっては，楽しいものである。水たまりも楽しいし，年長児では虹を描く時もある。雪は，見慣れた風景を一変させる不思議な力をもつと同時に砂以上に固まりやすい造形素材の一種とみなす。雪が積もることが滅多にない地方においても，幼児期の雪遊びや雪を用いた造形の思い出は長く記憶に残る。

　日本の伝統的な年中行事としては，1月の正月行事，2月の節分，3月のひな祭り，4月のお花見，5月の端午の節句，6月の田植え，7月の七夕，8月のお盆，9月のお月見，10月の秋祭り，11月の七五三，12月の年越しなどがあり，多くは家庭を中心に行われてきた。主として保育施設等で行われてきた行事としては，入園式，遠足，母の日・父の日の参観，夏祭り，敬老会，運動会，発表会，卒園式などがある。現在は，家庭内での行事の伝統が薄れる傾向があり，保育施設ではこれらの行事を合わせて多く取り上げる努力をしている。保護者がお客様として参加する形で，家庭との連携をとる機会ともなっている。行事には，飾り付け，プレゼント，幼児が発表する演技のための小道具など造形的な要素が多面的に含まれる。保育者は，行事に向けて幼児に造形作業を強いるのではなく，このような機会を利用してさまざまな技法や制作の楽しみを

写真7-11　父親参加の木工遊び　　写真7-12　家庭での親子の折り紙遊び

幼児に紹介し援助するように努めたい。

（3）家庭との連携

　幼児の造形表現が，衣食住，季節・行事と深くかかわることを認識すると保育施設と家庭とを切り離して考えるべきではないことがわかる。家庭では描画や工作に限定されず，生活のさまざまな場面で造形要素があり，造形の素地が形成される。人的環境としての家族からの影響は大きい。祖父母を含めて，家族との日常的な接触のなかで造形にかかわる文化や技術の伝承を受けている幼児が，同時に感性も鍛えられている例を現場の保育者は経験的に知っている。一方で，家族に造形的関心が低い場合には，幼児が家庭生活のなかで受ける造形的影響は，貧困なものとなる。

　幼児の家庭における造形活動を活性化するために，保育者と保護者が連携をとることが，今後ますます必要となるであろう。これまでの保育施設では，親子で遊ぶ機会を提供して親の意識を高めようと試みる企画が多い。親はお客様という設定であった。しかし，保育施設と家庭が相互に働きかけ，幼児の生活の流れを包括した連携をもつのが望ましいといえる。最近では，伝承遊びや工作遊び等の特技をもつ人を招くなど，地域や保護者のなかから協力者を募って保育者との協働によって幼児を援助する企画が出てきている（**写真7-11**）。また，保育施設から幼児と保護者の双方に働きかけて家庭での親子遊びを支援す

ることが考えられる。家族の協働の機会が減少した現在では，造形遊びは，親子の触れ合いの貴重な機会でもある（**写真7-12**）。

学習課題

○できるだけ多くの描画材料を体験してみよう。
○絵本の絵から幼児が受け取る情報にはどのようなものがあるだろうか。
○家庭での親子の造形遊びとして適切な遊びを考えてみよう。

参考文献

朝倉直巳『紙／基礎造形・芸術・デザイン』美術出版社，2001年。
花篤實監修・永森基樹・清原知二編『幼児造形教育の基礎知識』建帛社，1999年。
苅宿俊文『パソコンで楽しい総合学習⑤絵をかこう』偕成社，2001年。
芸術教育研究所編（太田昭雄・多田信作）『描画のための色彩指導　入門編』黎明書房，2002年。
古宇田亮順『パネルシアターはじめの一歩』紀伊國屋書店，1996年。
坂元昴・鈴木勢津子『幼児にパソコンがいい！――実証された幼児期のパソコン効果』産調出版，1997年。
中川康子『絵本は小さな美術館　形と色を楽しむ絵本47』平凡社，2003年。
永柴孝堂『ペープサート脚本集』ひかりのくに，1973年。
中坪史典「コンピュータがもたらす保育者と幼児の間のコンフリクト」乳幼児教育学会編『乳幼児教育学研究』第9号，2000年。
福井晴子「5歳児学級の幼稚園児をもつ母親の家庭における造形的側面への配慮」大学美術教育学会編『大学美術教育学会誌』，第34号，2001年。
福井晴子「幼児の描画活動を援助する家庭造形環境の実態」日本美術教育学会編『美術教育』第285号，2002年。
福井晴子「幼児の工作遊びのために家庭でなされる物的環境構成の実態――就学直前の幼稚園児の保護者を対象とした調査より」大学美術教育学会編『大学美術教育学会誌』，第35号，2002年。
福井晴子「親子の折り紙遊びを通した家庭における造形活動への支援と効果」日本美術教育学会編『美術教育』第288号，2005年。
三森ゆりか『論理的に考える力を引き出す②絵本で育てる情報分析力』一声社，2002年。

文部省・厚生省児童家庭局『幼稚園教育要領・保育所保育指針（原本）』チャイルド本社，2000年。

Brittein, W.L., *Creativity, Art and the Young Child,* Macmillen Publishing Company Inc., 1979（黒川建一監訳『幼児の造形と創造性』黎明書房，1983年).

Dewey, J., *The School And Society and The Child And The Curriculum,* A Centtennial Publication of the Univertsity of Chicago Press, 1990（市村尚久訳『学校と社会・子どもとカリキュラム』講談社，1998年).

（福井　晴子）

第8章 身体表現活動の発達と表現

　幼児は，言葉以上に身体の動きで内面を語っている。したがって，周囲のおとなは，その行動から内面を推し量り，表情から読み取り，幼児の精神世界を感じ取ることが必要である。幼児の身体表現の発達について，ワロンの論に依拠して，発達の実際と身体表現のかかわりについて述べ，それらが遊びのなかでどのような形で織り成され，蓄積されているのか，そして，それらの表現を促す保育者のあり方，環境設定の課題について提示したい。

1　発達と身体表現

（1）ワロンによる発達と身体表現

　実際に，幼児の行動は，動くこと自体に快感を感じているような時もあるが，自分で何かをイメージして楽しんで動いていることも多い。たとえば，3歳児の男児が巧技台で忍者のように手を組み合わせて移動し，最後は，マットに大の字になった。どうも，「マット隠れの技」を決めた様子である。つまり，マットと一体化して自分自身もマットになってしまったかのようにポーズを決めたのだ。遠くから見ていると，最後にマットに寝転がっているようにしか見えないが，彼自身は，忍者になって修行や技を披露しているのである。これは，単なる身体活動ではなく，イメージをともなう身体表現活動である。このような，イメージして何かになって楽しむ様子は，よく保育で目にすることである。

しかし，それは取り立てて保育内容としてあげられるものではなく，自然発生的に幼児の行動として見いだされるものである。このような，身体を基底とした行動は，重要性は指摘されるものの，幼児の発達における意味については，ほとんど議論されてこなかった。そこで，その価値を再考するためにH.ワロン（Wallon, Heuri）の発達論の概要を述べよう。ワロンは，幼児の精神発達にとっての身体，運動の重要性について指摘している。彼は，幼児の精神発達における運動は心的生活のすべてを表しており，その後いろいろな意味をもつようになるとしている。まず，人間の行動の組み立てを「感覚―活動」と「外界にかかわること―自己にかかわること」の2つの軸の組み合わせから考えようとしている。「感覚―活動」の軸は，神経末端からの刺激を感覚受容する側面と，中枢から筋肉組織に作用を及ぼす2側面を有している。もう一方の軸の「外界―自己」にかかわるものは，見る，聞く，触れる，という感覚器官を通して外界の刺激情報を取り入れる外受容感覚と，筋肉器官による運動感覚や内臓感覚による内界の状態の情報を取り入れる自己受容感覚からなる。さらに，活動レベルでは，外界に働きかけて外に変化をもたらしたり，外界と自己との関係を変化させようとする自己の姿勢があり，それを自己塑型的活動とも呼んでいる。いずれにせよ，ワロンは，身体を軸として，それを人や物とのかかわりのなかで周りを変化させることを第一義としてとらえている。現在では当然だが，これらが主張された1900年初頭は，自己が中心となって物事をとらえる発達の見方が中心だった頃であり，周囲との関係性のなかでの自己をとらえる見方としては斬新なものであった。

　さて，ワロンは，表現については，人間の姿勢や情動にかかわる認識であるとし，人間の情動こそが，身体の姿勢を決定づけるものであるとしている。たとえば，身体の方向性について考えると，その方向は，そこに意思が向いているということであり，ある志向性をともなっている。何かに向かって走っていることは，何らかの目標があるからである。あるいは，何か精神的にパニック状態になった時，そこでは自ずと身体が硬直したり，震えたりすることがある。

　さらに，ワロンは，身体の表れが相互に応じあうことによって，人と人が結

びつけられているのであって，それは，最初からその表れを通して互いに通じ合うように生来的にできているとしている。これは，言葉があるから気持ちが通じ合うのではなく，人間はもともと通じ合える機能をもっているからこそ，言葉や身振りの共有ができるとされているのである。確かに幼児の遊びは，次第に他者の存在を知ると同時に，言葉を介さなくてもお互いの思いを共有してともに遊ぶことができる。それは，必ずしも経験や学習の成果だけであるとはいえないものであろう。

さて，ワロンは，精神発達における身体の動きの重要性について，1956年に報告している。幼児は，言葉を使う以前に度々身振りでしか自分を表すことができないし，身体の動きが心的生活のすべてを表しているとしている。それは，年齢によって発達し，①衝動的運動性の段階，②情動的運動性の段階，③感覚的運動性の段階，④投影的運動の段階の4段階を経るとしている。①は，生まれたばかりの生存に関する衝動性にかられた動きを生じる段階，②は，気持ちのなかに情感が沸き起こってやってみたいという思いで動きが生じる段階，③は，動くことで感覚が生じ，「快感」を得たいという感覚印象が起こることによってその運動を繰り返そうとするという段階，④は，身体の身振りが意識に，心的印象を与える手段となる段階である。たとえば，③では，なにか偶発的な運動からある効果が生じると，子どもはこの効果を再現しようとし，循環活動ともいわれている。たとえば，乳児が食事中たまたま持っていたスプーンを床に落としたところ，カチーンと音がして，さらに，それをおとながとってくれる，ということを見いだし，その音と行為が乳児にとっては面白くて，今度はわざとスプーンを落とすという行為をする，ということである。これは，往々にして繰り返される行為となる。また，④の例は，幼児が言葉以上に身体で表現することは前述したが，話の補助としても身振りを用いることがある。スーパーヒーローに憧れている幼児は，自分の心に思い描いているヒーローを自分の身体の動きを通して表し，そのことによって快感と誇りを感じている。つまり，そのものになりきって遊んでいるという姿である。

さて，ワロンは，身振りにおいて「模倣」することの重要性についても言及

している。模倣には，3つの段階があり，最初は，誰かが再現した身振りを自分も見てすぐにまねをし，反復しようとするものである。これは，乳児の時期からも多くみられる身振りである。次に，自分で同じ身振りをしなくても，モデルの身振りを知覚しただけで模倣ができるようになる段階である。さらに，モデルが目の前になくても模倣できるようになり，これが延滞模倣と呼ばれるものである。これは，ままごとの役割に頻繁にみられる。

このように，乳幼児の心身の発達は，身体の動きと密接に関連づけられていることがわかる。そこで，ワロンの論を参考に，実際に保育でどのような身体表現活動がみられるのか次に述べる。

（2）**身体感覚と表現の実際**

ここでは，ワロンの身体表現の発達段階に沿って，身体表現の現れをみていきたい。まず，0歳児では，ハイハイしてまず自分の関心のあるところへ行き，そして，その物を手でつかみ何でも口にもっていこうとする。これは，目で見たものを口の触覚を使って確かめようとしているといわれている。また，聴覚も敏感な時期である。投げると偶然音がした物に対して，その音を確かめるように，あるいは楽しむように何度も音のする床に向かってその物を拾っては投げることを繰り返す。ここで，乳児期の感覚器官から生み出される身体表現活動として，1歳7か月の事例をあげよう（**表8-1**参照）。

この**表8-1**は，男児のある日の午前中に行動した記録である。それを人や物とのかかわりに焦点をあてて整理したものである。この表から，「見る」という行動が多いのがわかる。たとえば，「他児が車を押すのを見る」「車をもったまま他児の方を見る」というものである。また，「さわる」という行動もある。それは，見ることを実施してからさわる，という触覚に関する行動に移っていることがわかる。この「見る」「さわる」という傾向は，その後さらに多く見出される。この事例からは，主に，視覚，触覚といった感覚器官からの表現の現れを見いだすことができる。このような自らの感覚を使っての身体での行為は，自分の身体感覚で周囲の世界を探索し，確かめようとする行為でもあ

表 8-1　身体から派生する表現活動……視覚の働き（1 歳 7 か月 2 日）

時刻	人とのかかわり	物とのかかわり
9：40	他児が車を押すのを〈見る〉 他児の声の方を〈向く〉 他児に車を〈押されたまま〉	車から離れ，暫くして車に〈乗る〉 車を〈押す〉
	車を持ったまま，他児の方を〈見る〉 〃　　〈振り返って見る〉	
	観察者の方を〈じっと見る〉	
10：05	車を〈とられる〉→〈泣く〉 車を〈もらい〉→〈押す〉	地面に〈座り〉車を〈さわる〉 車で地面をぐるぐる〈回る〉 車の上に〈座る〉
10：15	車を持って先生の方へ向かって〈歩く〉 先生と花の方を〈見る〉	
10：25		ホースの金具に〈さわる〉 車がつっかえ後方へ〈引く〉
	トラックを台上に乗せたい様子で観察者を〈見る〉	
10：31	他児のサラ砂づくりを〈見る〉	→サラ砂を〈さわる〉 車を〈さがす〉→
10：41	→車を〈もらう〉→〈押す〉	→滑り台に足を〈のせる〉 →車で滑り台に〈昇ろう〉とする
	先生のいる部屋の方を〈見る〉 →先生を〈みつける〉→先生の方へ〈走りよる〉→先生の手を〈引っ張る〉	
11：00	先生の手を〈つないで歩く〉	

る。ワロンのいう情動的段階を含め，その段階からさらに発展した感覚運動的段階にあたるといえよう。

（3）模倣と身体言語

　まず，模倣の事例として，1 歳10か月のＡ男が先生にブロックを手渡すと，先生がそれを手にとって食べるまねをする。そうするとＡ男もそのまねをする。このような事例は，さまざまな場面でみられる。乳児はその意味がわからなくても，おもしろいと感じたものはその振りをまねるのである。つまり，目の前

に写し出された行動を，自分の身体を使って，同じようにしてみるのである。この行為は日常的であるが，さまざまな意味を含んでいる。つまり，まねができるということは，自分がその行動を客観的にみることができた結果，自分の身体を使用して模倣できたということなのである。この模倣についてワロンがいう，モデルを知覚しただけで模倣できるようになる段階である。また，ここでは，Ａ男は実際にそのブロックを食べたのではなく，食べるようなふりをしたのであり，先生の行為をまねることと，食べるというふり行為も含まれている二重の模倣の意味をもっているといえる。

　さて，１歳後半ともなると，言葉の代わりに身体の動きで思いを伝えるといった「身体言語」を見いだすこともできる。これは，たとえば，滑り台でそばにいるおとなががその乳児を滑り台の上にあげて，そこから滑り降ろさせてあげたところ，滑り終わったその乳児は，下に降りるともう一度，というように両手を上に差し出す。その行為に応えて同じように乳児を滑り台の上方にのせ，滑り降りる。その際，大変満足そうにその行為を繰り返す。これは，その乳児が滑り台から滑り降りたいという意志を両手をあげてそのおとなを見るという，身体で表現しているものであり，言葉ができるとすると「もう一度滑りたいから上にのせて」と要求していることである。このような行為は，生まれてから徐々に明確な形で周囲の者に伝えられるようになる。日頃このような乳児の近くにいる養育者はもちろんのこと，幼い兄や姉であってもその行為を乳児の身体の動きから読みとり，応えることができる。これは，意志を相手に伝えるという意味合いからも，身体表現であり，身体言語ともいえる重要なコミュニケーション力である。また，滑り台の例は，何回もその行為を繰り返している。このことは，自分の身体表現の結果が，外の世界にある効果をもたらしたことを感知し，この表現行動と効果を結びつけるということであり，ワロンのいう「循環反応」にあたる。

2　身振りによる身体表現

　よく幼児はテレビのキャラクターに似せて，ヒーローものになって表現して活動している。たとえば，跳び箱にのってジャンプしている時も，「○○○だー」といって飛び上がったり，ポーズを決めたり，滑り台で両手を組んで忍者のまねをして降りたり，これらの運動をしている際の心のなかは，自分の大好きなヒーローのイメージで一杯のようだ。これは，自分の身体を使ってその印象を身振りで表すことであり，ワロンのいう投影的段階の模倣における高次のレベルである。この模倣は，表象の領域でもあり，ワロンは，多少とも権威をもった人物に同一化する時に生じるものとしている。また，このような身体表現は，自発的に行われ，自ら外に表れ出るまでに心のなかで孵化され，あたためられる時間が必要であるとされている。

　ある意味で，身体を介在する自我形成を行っているともいえる。この表現プロセスとしては，イメージがあって，何かを表現するだけではなく，現実の身振りを投影することによって，はじめてイメージも成り立ってくるものである。つまり，そのヒーローを演じているうちに，次々と新たなる身体表現が起こされてくるのである。イメージが身体の動きの感覚によって湧き上がってくるような状態である。また，この表現は，同じ身体をもっている場合は表現しやすいものである。身体の同型性というものであり，時には，他者に向かってそのヒーローと同じような姿勢，動きをすることによって，身体を介してそのモデルの実在を示しているのである。その際，その幼児の心のなかのイメージは，自分の身体を介してしか，存在し得ないものであるといえよう。

　さらに，この身体表現が，他者に向かってなされた時，そのイメージを受容することは，身体を通して人と人が通じ合うという，もともともっていた人間の機能を発揮したときでもある。幼児がヒーローになることによって，さまざまな表現が拡がる。これを身体の相補性ともいう。つまり，そのものになりきることで何らかの力を得て，思い切ってジャンプできたり，そのものになりき

表8-2　A男の身振りによる表現活動（1歳11か月から3歳10か月）

年　令 （歳.月.日）	表　現　内　容
1歳11か月20日	カゴをTVに見立て，なかに入ったり出たりする。
2歳5か月24日	ブロックを頭に載せて「カクレンジャー」と言う。
2歳10か月10日	大型積み木で「忍者」，ブロックでつくった剣をもつ）。
2歳11か月27日	観察者に「スーパーむてきしょうぐん」と言いポーズ。
3歳0か月1日	積み木で滑り台の坂をつくり，滑り降りる。
3歳1か月0日	積み木で乗り物をつくる。カゴを頭に被り「カゴオバケ」と言う。
3歳1か月8日	観察者の背中を「カクレンジャー」と言って押す。
3歳1か月20日	跳び箱上で「トリート，ゴッドサイダー」と唱え，飛び降りる。
3歳4か月8日	車の模型で「温泉，あったかい」と言う。砂を「お米」と言う。
3歳5か月5日	カクレンジャーごっこ，三輪車をとりもどす。
3歳5か月22日	ブロックのなかで「ヤマンバ恐い」と言う。マットに頭頂をつける。
3歳7か月1日	2本の棒でカクレンジャーの戦いをする。
3歳7か月29日	タイヤのなかのアリを見て「アリの音楽隊」と言う。砂のごちそう。
3歳8か月6日	ブロックの剣をもって走り回る。
3歳8か月13日	ままごとで引っ越しをする。
3歳10か月2日	積み木上でガンダムとウルトラマンの戦いをする。

ることで，その運動がより楽しくできるようになることである。

　このように，ヒーローものになる身体表現は，幼児にとって多くの意味をもっていることであるが，では，なぜ自ら好んでこのような遊びをするのであろうか。

　まず，第1に，ヒーローものをする彼らは，内側にあるイメージを身体で表すことで，身体で認識し，徐々にイメージも確立され，そのイメージとの同化，吸収が行われる。その結果，その振りを本人が取り込むこととなり，身体を情感のなかで，内的衝動として湧きがってくるものに衝き動かされ，それが動きとなって外に現れるプロセスをたどるのであろう。そのことが心身の快感となって遊びが成立するといえよう。

　第2に，幼児の外在する世界との関係に着目して考えると，幼児にとって，

「内」と「外」は非常に近いものであり，一体化，あるいは身体の外の領域と融合した関係とも呼べるものであろう。身体で認識した外界は直接的なものであり，身体感覚という確実な実感としてとらえたものであろう。これは，換言すると，幼児には成人以上に身体的存在とともにあり，直接的な身体に寄り添うような身体感覚の存在であるともいえる。したがって，幼児にとっては，ヒーローになる，という認識ではなくヒーローであるという気持ちが強いのであろう。しかし，それは，年齢とともに「今は，嘘っこでやっている」という気持ちも徐々に明確になってくる。

　第3に，身体で外界を認識している幼児同士がかかわれるという事実がある。目には見えない共通のイメージが存在するからこそ，その遊びが成り立つのであり，表されたものでかかわりあうことによって表現の世界が形成されるのである。意識的に伝達することが目的にされていないが，結果として伝わりうるものであり，表現の発信を受容し，了解することで表現の読みとりが成立し，遊びが持続できるのである。これは，ワロンの論でいうと，学習の結果として関係性をもたらされるのではなく，人間が生まれながらにして関係をもてるようになっている，という。それは，身体をもつものとしての相補性であるといえる。

　このように，幼児は自分がヒーローになるだけではなく，そのイメージを共有することで，他者ともそのものになって遊ぶことができる。それは，身体表現とともに，言葉の力を借りることも多いが，4歳頃になると，5～6人の群れをつくって，ヒーローごっこを楽しむ。時には，その遊びに必要な道具も製作して，よりそのイメージを強固なものとしていく。しかし，基本は，お互いの身振りを共有し，身体を通した共同的な意味世界の構築にある。このことを身体と身体の間にあるイメージという意味から「間身体」による共同的な意味世界と呼ばれている。

　幼児の身体表現は，その成長，発達に欠かせないものであり，自発的な身体で何かになる，という行為がいかに重要な意味をもっているかがわかる。幼児教育のなかで保育内容が幼児の発達を支援するものである限り，領域「表現」

も表層的な音楽や描画にとどまることなく、自発的な活動、総合的な遊び、人間関係を含めた領域を越えた新たなる視点が必要である。

3 身体表現を促す環境

　子どもが遊びのなかで行う身体表現行為は、まず幼稚園や保育園、さらに家庭環境と大きくかかわっている。そこで、子どもたちの身体表現の可能性をより自由で、豊かなものにするためにはどのような環境が求められるのであろうか。

(1) 身体表現とイメージ

　子どもの表現は心のなかのイメージを操ることからはじまる。そして、そのイメージが自由な表出として具現化された時、それは多様で創造力に富むものとしてわれわれに提示されるのである。日常の保育現場において「イメージを豊かにする」「イメージを膨らませて」という言葉が頻繁に使われているが、それらは、子どもの自由な表現活動を喚起する重要な要素の１つであると考えられる。このような状況のなかで、では幼児はどのように自らのイメージをつくり上げていくのであろうか。

　まず、幼児のイメージ形成は、個々のさまざまな生活体験に基づいたものであることはいうまでもないが、それが身体表現として行為される場合には、現実世界の模擬を演じるという側面と、自らがイメージの世界に入り込み、非日常を体験する側面、つまり「現に存在しないものや行動のシェーマを喚起し再現する力」(西村，1989) とが存在する。しかし、いずれにしても、幼児の世界においては、つねに日常のなかの一断面であり、日常の一こまなのである。しかし、このような自由な表現行為の発露のためには、それに応じた環境が模索されなければならない。つまり、個々の子どもが実際に五感で体験したり、体験への意欲を喚起したり、対象の意志的な認識に向かう姿勢に対しては、それを可能にする環境の保証が必要とされる。逆にいえば、所与の環境と子どもと

の関係性がいかなるものであるかを，保育者が的確に把握し，それをつねに子どもの時々の感情を鋭敏に認識しながら，柔軟に環境を構成することが求められるのである。では，このような環境を背景として，保育者はどのように子どもの自発的な表出行為を促す援助を行うことができるのであろうか。

（2）表現を促す保育者の援助

　子どもは自らの現実的体験を前提としたなかから，超現実的世界，つまり空想や幻想の世界に飛躍していく。そのような内在する意識や，感性の育ちをいかに受け止めさまざまな身体表現活動の表出を援助するかは，保育者自身の感性によるといえる。

　家庭や社会生活の場において生活様式の多様化や遊び環境の変化など，時代の拘束を受けながら成長せざるをえない現代に生きる子どもたちにとって，保育環境は，保育環境を駆使しながら現実の体験の量的質的充足，また真に感動的経験を充足し，表現する心を育むための大きな役割をもっているといえる。

（3）子どもの模倣性

　ロジェ・カイヨワが定義する遊びのカテゴリのなかで，昆虫の擬態を意味する「ミミクリ（Mimicry）」を彼は取り上げている。これは，「自分自身が架空の人物となり，それにふさわしく行動するところに成立する遊びであり，自分が自分以外の何かであると信じたり，自分に信じ込ませたり，あるいは他人に信じさせたりして遊ぶ」ことである。このような「ミミクリ」は昆虫における擬態現象（その種別を特徴づけ世代から世代へと蝶の模様のように正確に受け継がれていく）のような形態に象徴される，とするのがカイヨワの見解である。

　カイヨワの表した「ミミクリ」は子どもの役割遊びのなかにもみられる。ある人物をそのままに演じようとする様は，昆虫の擬態を思い起こさせる。テレビのなかのヒーローの身振りや言葉のまねをし，また身近にあるさまざまな素材を駆使してヒーローになりきるためのコスチュームや，装飾品をつくる子どもに接することがある。メディアが浸透する以前の子どもの遊びが，自らの創

造によって行われていたのに対し，現代社会に生きる子どもたちはさまざまなメディアを通して視聴覚情報に曝されていることで，対象を創造的・想像的にとらえることよりも，多様な対象を選択し，そのまま模擬することが多くなってきている。また，遊びそのものが集団的なものから個人的なものへと推移していくなかで，他者との関係性が不全となる子どもが多く存在しているのも，遊びそのものの環境の変化が大きく起因しているのであろう。

　近年，テレビゲームが一段と高性能化し，ゲームにおける「虚構と現実」の区別が混乱するケースが大きく問題視されている。生活様式の変化にともない核家族化や少子化，また地域の共同体の崩壊による隣人間の関係不全，外で友だちと遊ばない，遊べない子どもが激増しているのが現在である。「他者なき人間関係」のなかで「遊びのメタコミニュケーションの微妙な調整」（西村，1999）に苦労することのないテレビゲームが子どもの遊びの微妙な隙間に入り込んでいる（松田，2001）。

　幼児期には，さまざまな模倣遊びや役割遊びを経験しながら，さまざまなイメージを形成したり，形成されたイメージを自由に身体表現したりすることを学び，そのなかから友だちとかかわることのおもしろさや，イメージの共有化の喜び，共同体における自らの立場や役割を体験していく。しかし，このような遊びの変容は，他者と関係を結べない子どもや自己表現できない子どもを育て，フィクションと現実の違いを認識できず，仮想現実をそのまま実生活にもち込み，大きな社会問題になるケースも少なくない。松田はおとなであれば，メタ・コミュニケーション的理解が可能であるが，経験のない幼児においてはすべてが現実であり，フィクションでありゲームである認識はもてない，と指摘している。

　保育者はこのような社会の変化にともなう幼児の行動様式を明確に認識し，欠落しがちな幼児の感性の育ちを敏感にとらえながら，遊びの環境を構成していかなければならない。また，内面から表出される純粋なイメージによる身体表現を確実に受け入れつつ，豊かな時代の産物との調和を「遊び」のなかでつねに考慮しながら，それを可能にする環境の醸成に努めなければならない。で

は，そのような環境を保持していくためには，どのようなことが求められるのであろうか。

(4) 子どもの身体表現と人的環境

共同体としての園生活において，個人としては自由に表現できないが，集団になると，積極的に表現しようとする子どもがいる。一方で，経験不足により，自信がもてないケースや，人と同じでないと不安になるケースなどさまざまの問題をもった子どもがいることも事実である。

集団のなかで個が生かされ，また共同体として協調しながら積極的な身体表現を生み出していくためには多くの環境が絡み合っているといえる。そのなかで重要な人的環境について考えてみたい。

保育の場においては，友だちや保育者とかかわり合い，家庭においては保護者や家族とのかかわりが，直接的な人的環境といえるだろう。

子どもの内側から素直に発せられる豊かな身体表現は，人的環境によって大きな影響を受ける。自分が思い描いたイメージを共有して遊べる友だちが存在する環境を形成するために，保育者は仲間づくりのための援助をつねに考えておかなければならない。また，子どもたちがイメージを具体的な身体表現として提示するためのヒントやアイデアの提供など，保育者の状況認識力や鋭敏な感性が求められる機会も増えてきている。幼児にとって，自らのイメージの発露としての身体表現へのプロセスのなかで，それを円滑に行うための環境創りは，保育者にとってきわめて重要であるとともに，幼児にとっても安心と信頼に基づく精神的安堵感を与えることも，環境のあり方を考える上で強く求められることであろう。

また，園での感動を家庭にもち帰った時，いかにその感動を受容し共有できる保護者や家族が存在するかも，彼らの環境として考えると看過できない問題である。子どもの周囲を取り巻く一連の人的環境が円滑に相乗効果を成すことによってのみ，幼児の身体表現に対する意欲はますます高まり，より高次の表現へと発展していくのである。

保育者は，クラスのなかで子どもたちがいま何に興味をもち，それをどのように表現しているのか，さらに，それを表現することで彼らが何を知ろうとしているのかを，つねに敏感に把握し，彼らとその対象への感情を，遊びを通じて共有する必要があるだろう。また，家庭においても，彼らの感動を理解認識し，その持続を可能にすることで，リアルタイムでの共有であることを伝えることが保育者に求められる。

　このような保育の場と家庭との連携を密接に行うことによって，子どもの身体表現の機会を増大し，また積極的な行動への契機とすることにつながるのであり，共同体のなかでの個としての表現が潤いと自信を得ていく大きなポイントとなるのである。では，このような環境のなかで子どもたちに，どのような身体表現のための契機が考えられるのであろうか。

（5）音を通しての身体表現

　子どもたちの身体表現を促すアイデアが必要である。その1つとしてここでは素朴な音遊びを取り上げてみたい。それは，見ることに対して聴くことに主眼を置くことで，想像的な可能性の拡大につながり，よりダイナミックな自己表現を醸成することにつながると考えるからである。さらに，耳を拓くことによって，見えないものへの感性が育まれ，周辺世界への鋭敏な気づきが芽生えると考えるからである。一例として，小泉恭子著『いろんな音をさがしてあそぼう』（明治図書出版）のなかの，第Ⅵ章：プログラム20「ボディリズムを楽しもう」では，子どもたちが自らの体を打楽器にして，リズムによって相互にコミュニケーションを取ることが述べられている。そして，リズムの打ち方を工夫し，リズムでの応答などによって，子どもたちが自らリズムを考え，表現する重要な契機がここに込められている。また，リズムのみであることによって，相互の伝達が言葉以上に直接的で，他者の意味を読み取ることの重要さが認識されるようになる。

　このように素朴ではあるが，内容的に多くの意義を包含した身体表現に対して，見ることとは異なった，いいかえれば可視的世界への依存を超えて，聴く

ことの意味を知ることは，身体表現の最も素朴でありながらも，感性的交感の環境，つまり身体表現によるコミュニケーションの環境の醸成を可能にするのである。

学習課題

○幼児の発達にとって表現する意味はどこにあるのか。まとめてみよう。
○身振りによる身体表現の事例を思い出してみよう。
○身体表現を促す人的環境についてまとめてみよう。

参考文献

麻生武『身ぶりからことばへ』新曜社，1992年。
小泉恭子『いろんな音をさがしてあそぼう』明治図書出版，2000年。
佐々木正人『からだ：認識の原点』東京大学出版会，1987年。
名須川知子「幼児前期の身体から派生する表現活動に関する研究」兵庫教育大学編『兵庫教育大学研究紀要 第17巻』第1分冊，115-122，1997年。
西村清和『遊びの現象学』勁草書房，1989年。
西村清和『電脳遊戯の少年少女たち』講談社現代新書，1999年。
浜田寿美男『個立の風景——子どもたちの発達のゆくえ』ミネルヴァ書房，1993年。
浜田寿美男『ピアジェとワロン』ミネルヴァ書房，1994年。
増山真緒子『表情する世界＝共同主観性の心理学』新曜社，1991年。
松田恵示『交叉する身体と遊び』世界思想社，2001年。
ロジェ・カイヨワ，多田道太郎・塚崎幹夫訳『遊びと人間』講談社，1990年。
ワロン，H., 浜田寿美男訳『身体・自我・社会』ミネルヴァ書房，1983年。

（名須川 知子・國光 みどり）

第9章 幼児期の身体表現

　表現は心の表しでもあり，それを引き出していくのを助けるのが友だちであり，保育者である。幼児期の身体表現は，素材や音，音楽を仲立ちにして発展することが多い。これらを通して豊かな感性や表現する力を育てるのである。

　本章では，幼児期の表現活動を素材を使った活動と音楽的な活動を取り上げ，それらを含む総合表現について考える。

　素材は子どもがイメージしたことと結びつきやすいように多様に用意をする。環境のなかでどのような素材に子どもを出会わせ，素材の特性を生かした表現活動を展開させるか。その子どもなりに素材をとらえ，使い方を工夫することは創造的な自己表現のもとになる。

　「音」や「音楽」が幼児の表現にどのような刺激となり，豊かな表現へと発展するのか。幼児期の音楽とかかわって表現する活動を多くもつことは，将来，音楽好きな子どもに育てることにもなる。

　子どもたちがつくった製作物に，音や音楽を加えることにより，製作物から身体表現へと発展することもある。また，音楽からイメージを膨らませ，造形活動へと幅広く活動が発展することもある。このことから子どもの表現は総合表現であると考える。

　多様な表現能力を子どもから引き出し，発揮させ，育てることは子どもたちに自由に表現する力とコミュニケーションできる力を将来に向けて育てることでもある。

第9章 幼児期の身体表現

1 素材と表現活動

　日常の遊びのなかで，手で触ったり，遊びに使ったりしながら親しむことにより，素材の特性に気づいていく。その経験が造形活動に生かされることが多い。そして造形活動はそれだけに終わらず，身体表現と結びついて発展することがある。

(1) 保育の場で必要な素材

　子どもたちが入園する以前より，素材は多様に用意し，使いやすいように仕分けをしておく。1日入園で園を訪れた子どもたちが，その素材を目にし，園児たちがつくった製作物を目にする。すると入園後，それらがヒントになって自分のイメージしたことをどのように表現しようか，何を使って表現しようかと考えをめぐらせる。いつ，どこで，どのように素材を子どもが使うかわからないので多様に用意をする。用意しておくと子どもが何かをつくりたくなった時，イメージしたものを実現しようとした時，普段から素材や道具が目に触れていると，イメージと素材が結びつきやすい。そしてそれらを自由に使えるという「雰囲気」も必要である。物との出会いは，創造的な自己表現へのきっかけをつくるものである。

　素材の種類を，自然物，線材，その他（プラスチックの空容器・牛乳パックなど）に分けて，素材の特徴と子どもの素材のとらえ方を考察する。

　自然物（どんぐり，まつぼっくり，木の実，すすき，木の枝など）
どんぐりは大きさが大・中・小とあり，種類によっては形が違う。身近にあったり，園外保育で拾ってくることもある。手に入りやすい園では，どんぐりがなくなると子どもがとってきて補充する。たくさん集めて手でつかむことにより，量感や手触りを楽しむことができる。皮をむいてなかを確かめたり，転がしたり，どんぐり相撲をしたり，ままごとの料理の材料にしたりと幅広く利用される。製作活動においては，まつぼっくりや木の枝と組み合わせを考えてオブジェをつ

くることもある。2学期には，ダイナミックな製作活動を保育のなかで取り上げることがある。たとえば動物園ごっこをきっかけに，グループで動物づくりをする。どんぐりやまつぼっくりをチーターやキリンの耳，体の模様にする。体の模様に使い，その上から膨らむ絵の具やホイップ粘土で模様を加えたりする。どんぐりやまつぼっくりは安定感に乏しく，接着にも時間がかかり，時間がかかったわりにすぐに取れるということから，接着の仕方を工夫しはじめる。たとえば，カラー針金で枝に縛りつけたり，ボンドの量を多めに使ったり，どのボンドが接着に適切かを失敗を繰り返しながら気づいていく。

　すすきは，ふさふさしているところがほかの自然物とは違う。ところが穂が散り，扱いにくいのが欠点である。穂にヘアスプレーをかけて固めると，穂が散らず，またそのままの状態を保つことができる。動物のしっぽにしたり，ほうきに見立てたり，ダンボール箱でつくった家の屋根に使うことがある。

　木の枝は，どこにでもある。園庭に落ちているし，風が強く吹いた後にはよく落ちている。子どもたちは枝振りや太さなどによって使い方を変えている。太い枝は忍者ごっこの刀になったり，園庭に字や絵を描いたり，ドッジボールのコートを描くのに使われることがある。細い枝は手でも折れるので長さの調節が容易である。オリンピックの年には，木の枝の先端に色紙で国旗の絵を描いたものや色紙を貼り，旗に見立てる。水泳競技の審判が持つ旗に使うこともある。旗はオリンピックごっこの水泳大会の身体表現に使われ，判定がまわりの子どもに明確に伝わった。

　大きな葉の草を園庭で見つけ，何枚もモールに刺して輪にし，月桂冠にする子どもがいてその発想が面白い。どの葉でもよいのではなく，園庭で数種類の葉を見つけて，新聞の上に広げて，ふさわしいものを選んでいた。リレーや綱引きなどの運動遊びをした後，牛乳パックでつくった表彰台に順位ごとに乗り，月桂冠をかぶせてもらうと，オリンピックそのものになる。この月桂冠は，つくったときは雰囲気がよく出てよかったが，枯れてしまうので，あまり使えなかった。このように製作したものが，造形活動だけに終わらず，運動あそびやオリンピックごっこという身体表現に使われることにより，さらにあそびに必

第 **9** 章　幼児期の身体表現

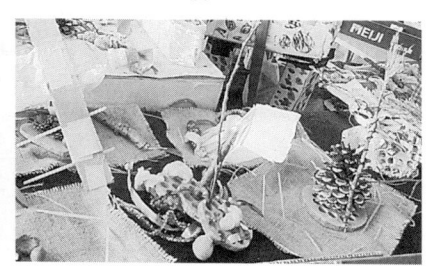

写真9-1　麻布・網・のれんの玉・まつぼっくりなどを使ったオブジェ

要なものをつくろうという意欲へとつながる。

線材（毛糸・リボン・紙テープなど）　毛糸は手触りがよいので，使わなくても触ってその感触を楽しむ。巻きつける，くくるという自由に動かすことができる。布団針に毛糸を通し，麻布を縫うことができる。目の粗い麻布は縫いやすく，さまざまな毛糸の色を使うと縫い目が鮮やかな模様になるので，縫うことと模様を楽しむことができる。冬になると毛糸で指編みをし，自分のマフラーを編むこともできる。自分のものができると家族のものや先生のものを編み，プレゼントに使うことがある。この指編みでつくったマフラーが劇遊び「おむすびころりん」のねずみのしっぽに使われることもある。

その他（玉・プラスチックの空容器・牛乳パックなど）　包装紙・玉（ビー玉・のれんの玉・そろばんの玉・おはじき）・トイレットペーパーの芯・紙は大小さまざまな種類・ペットボトルとそのふた・フィルムケース，カラー針金（赤・橙・青・ピンクなど）などを種類分けをし，子どもが使いやすいように配置する。子どもの活動を見ながら配置は変えていく。その他用具においても同じである。そのなかでもカラー針金は，くねくね回る感触を楽しんだり，ものを通したり，どんぐりやまつぼっくりを固定したりするのに使う。カラフルなので固定に使っても模様にみえる。

　次の事例は，普段使うことのなかったしょうゆの容器の赤いふたを利用した製作である。

> **事例1　劇遊び「ふくねずみすごろくばなし——宴会の場面」（2月）**
>
> 　客にご馳走を出すことになり，寿司，餅，焼き鯛などをつくり出した。鯛をつくろうとした子どもは，赤い画用紙を魚の形に2枚切って合わせ，「鯛の身」だといって，しょうゆの入った容器の赤いふたを幾つか並べて「鯛の身」に見立てた後，2枚を重ねてホッチキスでとめていた。それまではしょうゆの容器のふたは使われることがなかったが，あることがわかっていたので「鯛の身」として子どもが使ったと思われる。
> 　　　　　　　　　　　　　　　　　　　　　　　　（H県M市K幼稚園）

　「鯛の身」として，しょうゆの容器の赤いふたが使われたのであるが，いつ使うかわからなくても環境として置いておいたことで，子どもが「鯛の身」を作ろうとしたときに，このふたが頭のなかに浮かんだのだろう。

　このように造形活動を主とした環境構成も行うほかに，全身を使って表現する教材として，新体操のリボンを使うことがある。これはリボンの幅5cm，長さ3m以上，4m以上，5m以上のものがある。リボンの長さ，質，棒はよいものを子どもに与えるように心がけたいものである。リボンの色の美しさにしなやかさが加わり，表現している子どもも見ている子どもも感動することがよくある。リボンの長さは，幼児だからといって短いもの使用するとかえって動きが制限され，リボン本来のもつしなやかさが表現できない。子どもも長いリボンを使いこなすために身体をどのように動かせばよいかを学んでいく。リボンは，子どもの動きによって，大きな円を描いたり，らせん状になったり，8の字に動いたりする。それはオリンピックで見る新体操そのものである。そして音楽をかけるといっそうリボンのしなやかさが強調される。

（2）素材のもつ特性を生かした表現活動

> **事例2　劇遊び「ふくねずみすごろくばなし——獅子舞」（2月）**
>
> 　獅子舞は，初めは造形活動として取り組んだものではなく，つくった物で遊ぶという目的であった。獅子舞の体の部分は，不織布を使い，3，4人がなかに入って動ける長さに切って使う。不織布は軽い上に，絵が描ける，縫える，柔らかい，丈夫であるという特性をもっている。不織布の上に書道家の書きつぶしの画仙紙を獅

第9章　幼児期の身体表現

子舞のたてがみにするため、両側から引き裂き、中央に糊付けしたものを貼っている。その上から、いろいろな素材をつける。たとえば、貝殻やおはじき、ガラス玉、まつぼっくり、どんぐりなど接着に時間がかかるわりに、動くと落ちやすいものをたくさんつけている。「神田囃子」の曲に乗って、和太鼓を鳴らし、製作した横笛をふくまねをする。獅子舞のなかに入って、跳んだり、走ったり、座って前進したりと表現の工夫をする。激しく動くため、時間をかけてつけた素材のほとんどが取れてしまう。立体的なものが落ちやすいことに気づくと、今度は紙やモール、毛糸などの安定しやすいものを選ぶようになった。それ以後、接着が難しいものや固定しにくいものはほとんど使うことがなかった。包装紙を使っているグループは、包装紙の模様を生かしている。獅子舞は、造形活動だけではなく身体表現としても十分に楽しむことができたのである。

写真9-2　獅子舞の踊り　　　　写真9-3　獅子舞の顔

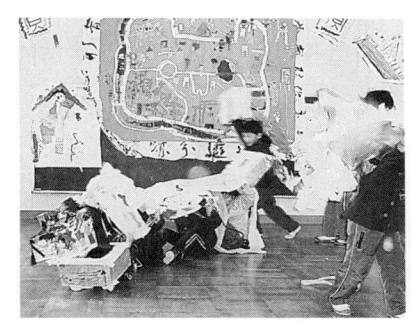

（H県M市K幼稚園）

　獅子舞の背中につけているたてがみは、書道家の書きつぶしの和紙、画仙紙である。画仙紙は、手触りもよく、手で裂くこともできるし、接着が容易で激しく動いてもなかなか取れないよさがある。和紙のやわらかさ、手触りがほかの紙とは違い、自由自在に紙が変形する。墨のにおいが「和」の雰囲気を出す。また、紙が長いので、獅子舞のたてがみに重ねてつけると雰囲気を出すことができる。また重ねて貼っても、軽いので動くのにはなんら支障はない。使いやすいだけでなく、芸術家の作品に自然と触れることができるのは、ほかの素材や教材とは違った意味をもつ。半紙の書きつぶしを、七夕の短冊にする子どももいる。書道の文字をまねているのかもしれない。そのほか書きつぶしの絵の

写真9-4　書道家の書きつぶしの画仙紙の上に描いた芋掘りの共同画

写真9-5　作品展示・ギャラリー

　上か裏側にポスターカラーで絵を描くと、画仙紙がうまくポスターカラーを吸収して描きやすいし、書道の字とうまく融合する。紙が柔らかいので手でも描くと気持ちが良い。

　子どもの造形活動は、作品を作ることを目的とするのではなく、遊んだ結果として作品になったという考え方が望ましいであろう。作品づくりを目的にした場合、できばえにこだわってしまい、試したり、失敗から学んだりすることがなくなってしまうことになりかねない。子どもたちの作品は、子どもの手で展示ができるような場を作っておく。その場に子どもと名前を考えてつけてもよいだろう。ギャラリー風にして作品を大切に展示することは、子どもを大切にし、子ども自身を認めることになる。また、展示をすることにより、友だちの作品を見て刺激を受け、友だちを認めることにもつながる。認められることによりさらに表現意欲が高まっていく。

2　音と動きの融合的活動

(1)「音」「音楽」の意味と保育環境

　「音」「音楽」自体がもつ力を活用することによって表現する楽しさも増し、表現が豊かになる。さまざまな楽器の音色を身体表現と結びつけたり、イメー

ジに合わせて確かめたり，試みたりする活動がなされる。

　楽器の扱いは，初めから保育者が型を教え込むのではなく，子どもに自由に使わせ，鳴らし方によっては音が異なることを体験させる方が創意工夫につながるであろう。たとえば，タンブリンを打つときに平手，指先，握りこぶしであったり，足や腕に当てたりして音を出してもよい。どこをどんな風に鳴らせばどんな音が出るかは子どもの発見によるものである。これらは遊びのなかで行われ，この経験が遊びの場面に合った音や曲想に合ったふさわしい音をつくりだしたりするのである。子どもがどのような音がするのかを試し，音探しをしている姿をその子どもなりの音楽表現ととらえるか，雑音ととらえるかで指導のあり方が変わってくる。保育者の保育観，音楽観にかかっている。

　楽器は，音色のよいものを選び，子どもに使わせることは，子どもの聴感を育てることになる。子どもは音を試すときにおとなからみれば乱暴な扱い方をすることがある。それを叱責するのではなく，美しい音に気づかせるように保育者が仕向ける必要がある。子どもが自ら美しい音に気がつけば，楽器を大切に扱おうという気持ちも育ってくるであろう。子どもが美しい音を発見するまでには非常に時間がかかるが保育者は根気強く，機会をとらえて指導することが大切であると考える。

　保育環境では，保育者が不用意に音を出さないように配慮をし，歌を歌うときには，ピアノ伴奏の音は小さくし，子どもの声が聞こえるように注意をする必要がある。子どもが自分の出している声，音の高さに気づき，意識させるためでもある。

　鑑賞曲をかけるときも音量や選曲に注意し，音楽が心地良いものであることを子どもに味わわせることが将来，音楽好きな子どもに育つことになるだろう。鑑賞曲は，登園，昼食，降園時など場に応じた選曲が必要であろう。

（2）音が創り出す情景・情況

　園生活で取り上げる劇遊びのなかでは，子どもたちは情景・情況に合った「音」「音楽」を使い，音響効果が劇遊びを豊かにする。劇遊びの初めの頃には

音響は入らない。入らないというより関心がない、余裕がないようである。ところがどの劇遊びにおいても、話の流れがわかってくると必ずといっていいほど音響が加わる。これは身体表現や言語表現だけでなく、表現したいことをもっと明確に伝えたい、もっと「それらしく」表現したいという気持ちが働くのであろう。また、「音」「音楽」が加わることにより、タイミングが合ったり、情景がリアルになったりと劇中での効果は大きい。表現が豊かになるだけでなく、子どもの喜びや満足感も増す。子どもたちは表現に合った「らしい音」を求め、探し試す。その繰り返しのなかでぴったりのものをみつける。ところが子どもが劇遊びの進行よりも音に関心をもち、音探しが雑音のように聞こえることがある。それを通り過ぎて「らしい音」が生まれるのであるが、保育者の忍耐が必要である。また、普段から楽器に触れ、どの楽器を鳴らせばどんな音がするかという経験や音楽に親しんでいないと音響効果として子どもの内からは出てこないであろう。

　次の事例は「おむすびころりん」の劇遊びのなかで使われている「音」「音楽」からその意味を考察したい。

事例3　劇遊び「おむすびころりん」（2月）

（ア）友だちの身体表現に合わせて鳴らす――おにぎりが転がる場面
　ナレーションの子ども「おじいさんがおにぎりを食べようとすると、おにぎりが転がりました」というと、女児が三角のおにぎりの製作物に竹ひごをつけたものを持って、くるくる回しながら、おじいさんから逃げる。同時に、マリンバのところにいる子どもがグリッサンドで転がるおにぎりを表現する。おじいさん「待てぇ」といいながら追いかける。ねずみの穴（子どもがかがんで通れるくらいの穴が開いている製作物）におにぎりが入ると、マリンバを鳴らすのをやめる。

（イ）雰囲気を盛り上げるもの――おじいさんを歓迎する宴の場面
　おむすびをくれたおじいさんにお礼をする場面で、踊り「花笠音頭」を披露する。一人ひとりが花笠（白ダンボール紙を円錐にしたものに、色を塗り、旗用の紙で花を作り、それを貼ったもの）を持って登場する。おじいさんは中央でお膳を前に座っている。周りをねずみが囲み、踊り始める。曲が流れると、歌を歌いながら踊る。待機場所では、鈴、トライアングルを持った子どもが、踊りながら楽器を鳴らす。歌の合いの手「チョイチョイ」のときは、全員が声をそろえていう。おじいさんは座ったままで、手拍子をしたり、踊る格好をしたりする。「ハ　ヤッショマカシ

ョ」と大きな声でいうと同時に，円の中心の方，おじいさんの方を向く。「ヤッショ」で大きく1歩前へ跳び，「マカショ」で下がる。　　　　　（H県M市J幼稚園）

　（ア）では，身体表現や道具が転がったり，倒れたり，落ちたり，飛ばされたりする表現には，マリンバ，木琴などのグリッサンドが使われる。おむすびが転がっていくのを木琴やマリンバのグリッサンドで表現しているが，その音はねずみに次の場面への心積もりを促す。木琴やマリンバの音はねずみにおむすびがもうすぐ届くという合図の意味も込められている。おじいさんが木を切るときに，ウッドブロックで動作に合わせて鳴らしたり，ねずみの国での餅つきの場面では，餅をついている子どもの動作に合わせて大太鼓を鳴らしたりする。友だちの表現に合わすためにタイミングを見計り，相手の身体表現をよく見ていないとずれてしまうので真剣に見ている。

　楽器を使って雰囲気を盛り上げる時もあるが，曲を使って場面の様子を表現することもある。子どもたちは自分の知っている範囲の音楽表現をしようとするので，物語の内容に合わない時がある。（イ）のおじいさんを歓迎する宴では，子どもたちは新体操の幼児用のリボン（長さ4.5m）を使って現代的な踊りをすることがある。それを否定せずに子どもたちに十分表現させた後，「花笠音頭」をかけると，「こっちの方がぴったり」という返事がかえってくる。新体操は劇中の表現として楽しんだのではなく，新体操そのものを楽しんだので，子どものなかに違和感があったのだろう。

　民謡は，日本各地で庶民の間で歌い継がれたものである。そのためどこか人の心を打つものがある。そして，子どもには親しみやすく，言葉の意味が感覚的にわかるようである。合いの手もすぐに入れることができる。歌詞のわかっているところは口ずさむ。「花笠音頭」のほかにも，「おてもやん」の曲を使ったことがあるが，どれも口ずさみながらする。「ハ　ヤッショマカショ」のところは，大好きで，友だちと顔を見合わせながら踊る。また，この部分で動きや歌がそろう。そろうことが心地よいのかもしれない。

　子どもたちにとって，自分たちのつくり出す音だけでは表現しきれないもの

がある。表現しきれないと感じているかどうかはわからないが，経験の範囲で表現しようとするのは当然であろう。そこへ，保育者が提案し，音楽を聞かせることにより，さらに経験の幅が広がったといえる。また，曲を入れることによって，場面の情景が明確になったと思われる。

（3）クラシック音楽と融合した身体表現

　音楽的表現には，うたう，演奏する，身体表現をする，鑑賞するという活動がある。幼稚園では，うたったり，合奏をしたり，身体表現をよく取り上げ，楽しい遊びが展開するが，鑑賞はその効果が見えにくく，どちらかといえば忘れがちであるように思われる。そこでクラシック曲を取り入れて実践を行った事例から考察をし，幼稚園での鑑賞のあり方を考えたい。

> **事例4　「白鳥の湖——身体表現」（9月）**
>
> 9／28（火）
> 　「白鳥の湖」の曲を聴く。その後，保育者が白鳥が登場するということを話す。子どもたちは，白鳥の身体表現をすると，両手を上下に振り走り回る。ドタバタ音を立てて室内を走る。
> 9／29（水）
> 　保育者が「バレエ」という美しい踊りがあることを身振り手振りで話す。そして，「白鳥の湖」というバレエの物語を話す。その後，曲を聴く。すると，子どもたちが，フォルテ（強）のところで「ここ，悪魔や」とイメージしながら曲を聴く。その後，身体表現をすると，白鳥と悪魔に分かれる。それぞれの待機場所が決まり，自分のしたい役に分かれる。待機場所は相談するでもなく，暗黙の了解で決まる。悪魔は椅子を並べてその上に立つ。曲がフォルテになると悪魔の子どもが飛び出す。そして，ピアノ（弱）になると悪魔は引き返す。その繰り返しをする。悪魔の子どもは曲の変わり目を聴き分け，出るタイミングを待つ。悪魔の怖くて強いというイメージを椅子の上に上がって表現しようとしている。曲をかけると悪魔の子がじっと耳を澄まし，真剣に出るタイミングをうかがう。翌日，登園するなり，「白鳥の湖するで」と声をかける子どもがおり，何度も表現を楽しむ。悪魔の待機場所は，椅子から積み木を高く積み上げて台を作ったものに変わる。そして，その上に立つ。家で黒のビニール袋を切り裂き，マントをつくってきた子どもがいて，他児につくってやる。腕に羽（黒い画用紙で作った翼）をはめて出番が近づくと大きく上下に振って身構える。曲がフォルテになると悪魔役の子どもが飛び出し，ピアニシモに

> なると悪魔は引き返す。その繰り返しであるが，何回も何回もする。曲を口ずさみ，出るときは互いに声を掛け合い，じっと曲を聴き，出るタイミングを待ち，目で合図をして一斉に出る。白鳥の子どもはバレリーナのようにつま先立ちをし，回転やジャンプをしてしなやかさが加わり，自分の表現に酔いしれているような感じもする。この白鳥の湖の身体表現は，好きな遊びのときに，したい子ども（全員）が集まってする。
> 　　　　　　　　　　　　　　　　　　　　　　　　（H県M市K幼稚園）

　この後，バレエ団の「白鳥の湖」をビデオで見せることにより，曲と物語が子どもを刺激してイメージが広がり，表現が大きく変化していったのである。曲を口ずさんで表現していたが，それに慣れてくると，曲を最後まで聴かないようになった。そこで，曲だけを聴くようにしたところ，子どもたちは，曲の最後に小さな音で楽器が3回鳴ることに気づき，それも2種類の違う楽器が鳴っていることに気づいたのである。音楽鑑賞と身体表現を同時に行っているのがわかる。そして悪魔をもっと悪魔らしく表現するために，マントをつくるという造形活動へと発展したのである。

　いくつかのクラシック曲を保育のなかで取り入れたが，そのなかでもチャイコフスキー作曲バレエ音楽「白鳥の湖」が子どもたちの心をとらえたのである。「白鳥の湖」が子どもたちの心をとらえたのは，チャイコフスキーがこのバレエ音楽を自分の姪たちのために書いたもので，そのもとになったのは妖精物語であることと無関係ではないだろう。音楽に秘められた物語性とその高い芸術性が子どもの心を揺さぶったのである。鑑賞は音楽の芸術性に敏感に反応する力を育てる。かといって鑑賞だけを保育のなかで特別に位置づけるのは不自然で，逆に音楽嫌いの子どもを育てかねない。

3　総合表現の展開

　子どもはいろいろな活動のなかで総合表現をしている。ところが保育のなかでは，音楽は音楽，造形は造形と分けたとらえ方をされがちである。そこには保育者の保育観が影響しているようである。

（1）劇遊びにおける5領域との関連

> **事例5　劇遊び「ふくねずみすごろくばなし」（2月）**
>
> 　製作した獅子舞が登場し，3，4人が入って動かす。初めは，思ったように身体が動かず獅子舞を動かすことができない。一緒にしている友だちとの呼吸が合わないと前に進むのが難しい。前進しようとしても自分一人の考えでは，後ろがついてこない。ところがしているうちに，座る，座ったままで前進する，ジャンプする，左右に動く，走るなどの動きをグループごとに相談し，誰かが指示を出すようになる。気持ちが一つになって動けるようになったのである。個々ばらばらでは動けないことに気づき，共同の関係のなかで動いていることに気づいたのである。その結果，声を掛け合うことを考えついた。共同の意識，友だちとの人間関係がこの表現のなかでも見られる。獅子舞についての子どもの言葉を取り上げると，
> 　大きく口を開けて体をくねらすのが面白い。
> 　獅子舞のなかに入って動き回るのは難しいけど面白い。だんだん動けるようになって楽しい。学校へ行ったらもうできないから。　　　　　　（H県M市K幼稚園）

　友だちと呼吸を合わせて全身を使う表現は，子どもにとっては快の経験である。それは見ていて，内にあるものをすべて出しているというエネルギーを感じる。そこへ，音楽や楽器の音色が加わることで，ますます雰囲気が盛り上がるのではなかろうか。音楽は，「神田囃子」を使うことにより，そのなかに出てくる笛や太鼓が獅子舞の音楽によく似ており，獅子舞の気分にさせてくれる。そして，曲に合わせて和太鼓（直径20cm，手にぶら下げる）を鳴らす，製作した横笛を体をゆすりながら吹くまねをする。獅子舞という道具が，音楽や楽器の音色が加わることにより，獅子舞としての意味をなす。道具，音楽，身体表現が融合したのである。音楽もまた獅子舞という道具によって生きたものになる。

> **事例6　劇遊び「動物村のおまつり――神社の境内」（11月）**
>
> 　カエル神社のお祭りの日，フライドポテト，りんご飴，金魚すくいの店が並ぶ。「いらっしゃいませ，いらっしゃいませ」と売り子が客を誘う。女児2人は，「いらっしゃいませ」「りんご飴はいかがですか」という呼び込みの言葉がわからない。男児が，「一つ500円です」などといい，店の前へ出て，手をたたきながら，客の子

どもの関心を引こうとする。その様子を見ているうちに，女児が呼び込みをはじめる。その声がだんだん大きくなり，表情が明るくなる。　　　　（H県M市K幼稚園）

　フライドポテトの店は，大きめのダンボール箱に牛乳パックを四隅に立て，その上に紙を貼って屋根にして雰囲気を出している。りんご飴は新聞紙に赤の色紙を貼ったものを木の枝につけたものである。金魚すくいは，すくう網がアイスクリームの容器のふたに割り箸をつけたものである。金魚は画用紙でつくったが，すくいにくいということから，金魚の下にペットボトルのふたを貼りつけ，金魚を入れる箱の底から浮かすように工夫されたものである。お金や財布はままごとでつくったものを使っている。お店屋ごっこは劇遊びでしなくても，子どもたちは好んでこの遊びをする。お店屋ごっこは，製作そのものが楽しい，製作したものを使う，売り買いというやりとりが面白いということが考えられる。お店屋ごっこという遊びを共有する集団のなかで，売り買いの言葉を会得することもある。
　このように考えると，総合表現は子ども自らがつくり出すと考えられる。それをおとなの考えで分けてしまうのは不自然である。ではその表現を支えているものについて考えてみよう。

（2）人間関係に支えられた総合表現

　日常生活のなかで子ども自らが表現をするようになるには，子どもが表現の喜びを実感し，表現したいと思い，友だちと遊びを創造する喜びを味わうことが基礎となる。子どもが自分の心を表すには，それを受け止めてくれる受け手が必要である。保育者は子どもを受け止める，「受け手」でなければいけない。自分を受け止めてくれる保育者がいることは，子どもに安心感をもたせる。安心できるから表現できるのである。そのような保育者の姿勢は，一人の子どもだけでなく，学級全体の子どもへと広がっていく。そして受け手は保育者だけではなく，友だちも受け手になるのである。周りの人が自分の表現を受け止め，肯定してくれるとわかれば，子どもはのびのびと自分を発揮することができる

であろう。受け手は，子どもの表現を温かいまなざしで見守り，うなずき，心の底から子どもを肯定することが大切である。このような受け手の存在は，雰囲気を柔らかくし，子どもは自分の気持ちを表そうとする。そして，一人ひとりの心の表しを，互いに認め合う，自分とは違う考えがあることに気づかせる場へとつないでいく。それを保育のなかでは，「分かち合い」と呼び，繰り返し行うことで人間関係が深まっていくのである。次の事例は，子ども同士の意見の対立から互いにわかり合い，その子どもたちだけの問題に終わらせずに，学級全体の問題として取り上げた例である。

事例7　「人形劇の舞台設定」（5月）

　好きな遊びのときに人形劇をしているA児が，机（事務用長机）に暗幕をかけ，その後ろに積み木で家をつくって，そこから飛び出して人を驚かすというセッティングをしていた。ところが，B児がその机の横に椅子を置き，上に人形を置いた。するとA児が怒り出し，2人の間で口げんかがはじまった。もめた原因の一つに，それぞれがなぜ椅子を置いたか，置いてはいけないのかという話し合いがなされず，ただ，自分のやり方と違うというだけであった。話し合いが前に進まず，A児がB児に飛びかかったので保育者が仲裁に入り，互いのいい分を整理してみた。B児は椅子を置いておけばそこに誰かが座るだろう，それを後ろから驚かせばよいという発想であった。A児は椅子が邪魔になるという理由でB児の考えに反対していた。互いに譲り合わず，訳を話すことがなく，進展しなかったので，学級全体で「分かち合い」の場をもった。2人は自分の考えを椅子を使って説明をした。すると，その話を聞いていたC児が，両者の言い分を聞いて，どちらも生かせるように，椅子を端に移動して人も通れるし，人形も置けることを考えた。ちょっとした椅子の移動という発想の転換を受けて，他児が「通るのに邪魔にならず，椅子を使う」ということをふまえて，次々に意見が出された。そのときに自分の考えをいい，実際に椅子を移動し，人が通れるかどうか試しながら説明するということがなされた。そうするうちにA児はB児の考えに賛成し，B児はA児の考えに賛成しだした。

（H県M市K幼稚園）

　A児は突然自分が遊んでいるところへB児がやってきて自分に断りもなく黙って椅子を置いたことに腹が立ったのであろう。意見の食い違いで互いに意地を張ったようである。緊迫した雰囲気のなかで互いの考えを押し通そうとする，

互いに相手を自分のいいなりにしようとするなかで、雰囲気は悪くなり、「相手に飛び掛る」というところまできた。このときに保育者が2人をなだめ、それぞれの言い分を伝えるように仕向けたが解決にはつながらなかった。そこで学級全体で考える場をもったのであるが、この2人の緊迫した雰囲気は他児にも伝わり、意見がいえないような重苦しい空気が流れた。そんななかで、C児が自分の考えをいい、それに続いてほかの子どもも次々と意見をいうことにより、話し合いがプラスの方向に進み、最後にはもめていた2人がわかり合うことになった。最初に意見をいったC児は大変な勇気が必要であったであろう。またもめごとの原因がよく理解できている。「発言できる雰囲気」につながると考える。自分の考えが相手にどう受け止められようと「いってみよう、やってみよう」という日常生活のなかでの自由な雰囲気がないと対話の教育はなされないだろう。自分の考えを相手にわかってもらおうと言葉を考え、実際に椅子を動かし、自分でそのそばを歩くという行為は、問題を解決していくなかで、自分の要求や意図を言葉を使って相手が納得してくれるようにうまく自己主張をしている。このようにして子どもたちは、言葉を学び、友だちの考えが、自分と違うことに気づいたことが、解決の糸口となり、互いの考えがわかり合え、譲り合おうとしたのである。

事例8　劇遊び「ふくねずみすごろくばなし」（2月）

劇遊びの最後の場面で、子鬼が自分で誤って寺の鐘を鳴らしてしまうところがある。ある子どもがその場面のためにと鐘をつくっていた。全紙に鐘の絵をかき、切り抜いたものに紐をつけ、カーテンレールからぶら下げようと積み木を積み、その上にのって取りつけようと考えたのである。
A児「もっと積み木持ってきて」。他児は積み木を運ぶ。
B児「あんなんよう乗らんわ」。C児「これ横に乗せたら」。
積み木を高く積み上げたので、上れないと思い、横から上るように積み木を置く。
A児が積み木の上に上り、男児Dが、鐘を持ってくる。A児が鐘を持って積み木の上に上り、両手を伸ばす。届くか確かめる。その間、他児は横に積み木を置き、階段にする。
A児「あともうちょっとやから」。
E児「ここがこないなったら、よけいどーんとなる」（落ちるという意味）。

> A児「もう一個（積み木），もう１個，１個」と積み木を運ぶ。このようにして積み木を積み上げ，上りやすいように階段式にする。ところが手が届かず，誰が鐘をつけるかという話になる。
> A児「B児クン，とどけへん」。C児「おれやったらとどく。A君，とどけへん？」。F児も上り，届くか試す。E児が「G君にやってもらおう。背，高い」G児が上り，カーテンレールにあと少しというところで届かない。それを見て積み木を運び始める。「こわ，こわ（怖い）」「ちょっとこれあかん。隙間あいとる」といいながら，隙間をつめていく。G児が階段式の積み木の上に上る。他児は，その階段を抑えている。鐘についている紐をカーテンレールにかける。紐を引くと鐘が上がってくる。紐を固定しようと「テープ，テープ」と叫ぶ男児がいる。誰かがセロテープを取りに行き，誰かがガムテープを取りに行く。ガムテープで止めた後，再び，紐を引き鐘を吊るし上げる。全員が，「勇者の行進」を口ずさむ。鐘が上がりきると，誰かが「カーン」という。その後，大太鼓と鐘を打つ動作とタイミングを合わす。
>
> （H県M市K幼稚園）

　この事例は，子どもたちは自分たちのつくったものを劇遊びのなかに生かそうと工夫したのである。鐘をつけようと助け合って積み木を運んできたのである。ここで保育者が出ていって，つけてしまうのは簡単である。また，安全に上れるように階段式にした。積み木を高く積み上げる，手が届かないという行き詰ったなかで，安全に積み上げていく，背の高い子どもに任せるという工夫がみられた。子どもたちは助け合い，やり遂げた喜び，新たなはじまりが「勇者の行進」をみんなで口ずさむという行為に表れたのである。

　幼児期の身体表現は，素材や音，音楽などの活動と絡み合うことが子どもにとっては自然な姿であり，望ましい生活であろう。全身を使う喜びだけでなく，心をともなうからさまざまな活動へと発展するのであろう。子どもの心を動かす，表現したくなるような素材や音楽との出会いによって，自分自身の気持ちをもっと具体的に表そうとする。そして，子ども自らが遊びを広げ，発展させることにより，総合表現となりうるのではないだろうか。

> **学習課題**
> ○子どもたちのなかに,具体的なイメージがあっても,それを実現する環境がなければ子どもの思いは消えていきます。イメージを具体化できる材料や素材を探してみましょう。
> ○音楽を聴いてイメージしたことを身体表現や絵,音に表して,互いの表現を見せ合い,話し合ってみましょう。
> ○子どもの表現する姿を,5領域とどのように絡み合っているか,レポートにしてみましょう。

参考文献

小倉重夫『チャイコフスキーのバレエ音楽』共同通信社,1989年。
黒川建一・高杉自子編『保育講座 保育内容 表現』ミネルヴァ書房,1990年。
清水玲子『保育とカリキュラム』ひかりのくに,1996年。
室谷敦子「子ども主体の劇表現の在り方に関する研究――クラシック音楽と子どもの表現」兵庫教育大学幼児教育講座『幼年児童教育研究』第17号,2005年。
室谷敦子「幼児の創造性を引き出す劇表現の研究」(兵庫教育大学大学院,修士課程論文),2006年。

(室谷 敦子)

第10章 身体表現の可能性

　この章では、第1に表現の基盤となる私たち自身の「からだ」に着目し、身体的なコミュニケーション力を高めるためには、自由で即興的な身体表現の経験が有効であり、それらを経験することでさまざまな新しい気づきが得られることについて述べる。第2に、からだの感性を磨き、新たなからだの気づきを喚起するような、自由で即興的な身体表現活動をいくつか紹介する。第3に、ワークショップをキーワードに、近年さまざまな広がりをみせている身体表現活動の実践を紹介しながら、領域や障害などを超えて展開される身体表現の可能性について論じる。

1　保育者と身体表現

(1) 保育者とからだ

　私たちは、普段の日常生活のなかで、自分自身のからだのことを意識して考えることはあまりない。からだは、あまりにも自分と一体化していて、健康であればその存在自体を忘れてしまうほどである。からだが不調になって、改めてからだのことを見直したり考え直したりするのではないだろうか。

　しかし、保育者あるいは保育者をめざす人は、からだのことに無関心であってはならない。保育の現場では、子どものからだを抱く、なでるなど、保育者と子どもが身体的に触れ合うことは日常茶飯事である。保育所や幼稚園で、先

第10章 身体表現の可能性

生にぎゅっと抱きしめられた身体感覚を懐かしく思い出す人も少なくないだろう。子どもたちは，からだで実にさまざまなことを表現しており，からだでまるごとかかわってくる。保育者には，そのような子どもの存在をまるごと受け止められるような豊かな身体性が必要である。子どもたちは，身体的なコミュニケーションで多くのことを物語っているはずだ。日々の保育のなかで，そんな子どもたちの物語を読み取れているだろうか。

　たとえば，あなたの近くで子どもが急にころんだときあなたはどのようなかかわりをするだろうか。「大丈夫？」と言葉をかけるだけで，からだが反応しない場合は要注意である。「大丈夫？」と言葉をかける前に，まず駆け寄って子どもを抱き上げる。あるいは，「大丈夫？」という言葉かけとともに子どもを抱き起こす，そのような動きが自然になめらかにできるだろうか。身体的なコミュニケーション力が高いと，まずからだが反応する。からだ全体がセンサーのように反応して，子どもの発信することがらを敏感に感受する。からだとこころをまるごと受け止めてくれる保育者のもとでは，子どももありのままの自分を表出することができ，安心して過ごすことができるだろう。

　しかし，豊かな身体性のからだ，あるいは身体的なコミュニケーション力の高いからだ，が重要であるということは理解できても，簡単にそのようなからだが手に入るわけではない。心理学者の鯨岡峻（1997）は，子どもと保育者（あるいは養育者）との間のコミュニケーションを独自の視点で研究するなかで，「子どものことが分からない」とか「子どものことが見えない」と訴える保育者が多く，そのほとんどが「生きた身体になっていない」と指摘している。

　子どもと真摯にかかわりながらも，生き生きとしたからだとからだのやりとりを実感することができない，やりとりが妙にぎこちなかったり何かずれていると感じ悩んでいたりする保育者が多いのである。保育がうまくいかない要因はいろいろあると思われるが，そのような人は，一度からだのレベルで自分のことを見つめ直したり子どもとのやりとりを見直したりすることも，重要なのではないだろうか。

　身体的なコミュニケーション力の高い生き生きしたからだを実感する，そし

写真10-1 保育園で保育士に抱っこされる子ども

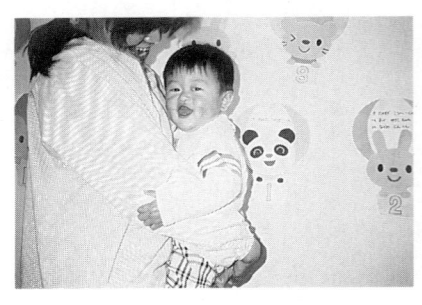

写真10-2 保育士のまわりに集まって遊ぶ子どもたち

てさらに保育の質を高めていくためには，子どものからだやこころの動きに丁寧にかかわりながら日々の保育を実践していくことが先決であろう。その積み重ねのなかで，からだの在り様に素直に向き合っていくことが求められる。それに加えて，自分自身のからだを発見し，拓いていくような豊かな身体の経験をもつことも大切である。まずは，固く閉じたからだを動かしてみよう。自らのからだから発信するようなクリエイティブな経験が，何か新しい気づきをもたらしてくれるはずである。

（2）自由で即興的な身体表現

　からだを媒体とする身体表現の経験は，自らの創造性，感性，からだや動きの表現力を磨くばかりでなく，からだへの気づきを促し，身体的なコミュニケーション力を高めることに有効である。保育者あるいは保育者をめざす人は，身体表現について指導の内容や方法論を知識として学ぶだけではなく，実際に動いて経験してほしい。実際に動いてみることで，思いがけない新しい気づきを得ることができる。最近では，現職保育者が身体表現のワークショップを受講することで，さまざまな気づきを得ながら保育者として成長を遂げていく研究が報告されている。

　とくに，生き生きとした身体を実感できない人（子どもとのやりとりにぎこちなさを感じる人など）には，まずは自分自身のからだと向き合うために，人

とかかわり合う形式の自由で即興的な身体表現を経験してみることを勧める。自分のからだの在り様が，人とかかわり合うことで見えてくるはずだ。しかし，振付の決まったダンスを踊ったことはあっても，人とかかわり合う形式の自由で即興的な身体表現が具体的にどういうものか，イメージできない人も多いだろう。筆者は，保育を学ぶ学生に向けて自由で即興的な身体表現の活動を主とした授業を開講している。授業の内容を簡単に示してみよう。

> Ⅰ．【基礎編】自由即興的な表現活動（第1～7回）
> オリエンテーション／リズムにのってかかわりながら踊る／2人組でできるいろいろな動きを見つける／棒を使って感じ合いながら動く／鏡の世界を体験する／スポーツの動きを表現する／日常の動きを表現する
> Ⅱ．【発展編】作品創作と学内公演開催（第8～15回）
> グループ別作品創作／クラス全員作品の練習／学内公演開催／ビデオ鑑賞と反省

写真10-3　2人組でくっついたり離れたり　　写真10-4　スポーツの動きを表現する

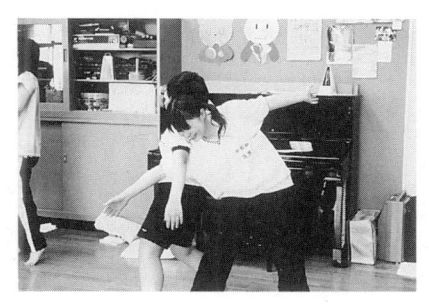

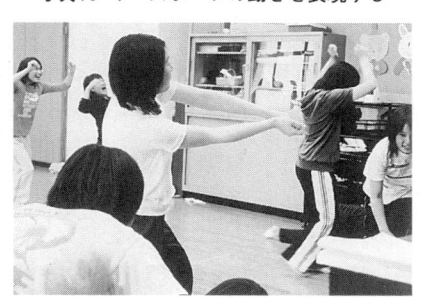

　全15回の授業のうち，基礎編1～7回は，自由で即興的な表現活動を中心に進め，発展編8～15回は，学内公演に向けての創作活動が中心となる。自由即興を進める場合，ポイントとなるのは「かかわり」である。1人だと自由に動くことも難しいが，2人だと相手の動きを受け止めてまねしていくことからはじめて，そんなに困らずに動きをつくっていくことができる。授業では，まず2人組で自由に動くことを基本に，回を増すごとに少しずつかかわる人数も多くなり，次第に3～4人組で動きをつくっていくようにしている。決まった振付はないが，「このように動いてみたら？」という動きの手がかりを伝え，活

動にふさわしい音楽を用意し，動きが生まれやすいように導いている。

（3）身体表現による気づき

　授業のなかでは，「棒を使って感じ合いながら動く」という活動を行っている。2人で1本の棒を人差し指で挟んで自由に動くだけの簡単な活動だが，目を閉じて行うため普段と違った自分に出会える活動である。受講した学生に授業後，感想をまとめてもらったので，そのなかからいくつか興味深いものを紹介しよう。

「棒を使って感じ合いながら動く」―活動の方法―

● 2人組になり直径1cm，長さ20cm程度1本の棒を人差し指で支えあう。うまく支え合えたら，その状態でどんな動きができるか自由に試してみる。この段階では，2人とも目を開けたままで行う。教師は，できるだけ棒を落とさないように相手と感じ合いながら動くように注意を促す。
● お互いに相手の存在を感じあいつつ呼吸を合わせて動けるようになったら，目を閉じて動いてみる。慣れたら多少不安定な動きにも挑戦してみると面白い。
● クラス全体を半分に分けて動きを鑑賞し合うことで，体験の分かち合いをする。

写真10-5　目を閉じてゆっくり動く

写真10-6　慣れてきたら少し大胆な動きにも挑戦

第10章　身体表現の可能性

> **授業後の感想①**
> ○こんなに難しいとは思わなかった。目を閉じた方が，集中しやすいし相手を感じやすかった。目を閉じたまま，自分たちの格好をイメージするのがおもしろかった。
> ○お互いに感じ合いながら動くことは難しいと思う。目を閉じてしまうと指の先の世界が想像できない。でも棒の動きで今こんなことをしているのかな，じゃあ私はこう動こうなどと考えて楽しくなった。

> **授業後の感想②**
> ○相手と息を合わせて体を回転できたときは感動した。目を閉じても相手の動きを感じながら動くことができた。
> ○一番印象に残ったのは，目を閉じている2人が相手の動きを感じることによって，棒を落とさずに動けたことだ。お互いの気持ちが通じていれば「まさか」と思う動きまで可能にしているように見えた。

> **授業後の感想③**
> ○相手の動きを目を閉じて感じ取ることが不思議な感じがして真剣になった。何だかとても心地よかった。目を閉じた方が静寂な真剣な気持ちになれる。
> ○すごく神秘的でびっくりした。一人一人が何ともいえない動作と雰囲気を作り出していて感動した。静かでふわふわと浮いているような気分になって心地良かった。何か新しいものが見えた気がした。

> **授業後の感想④**
> ○目を閉じることが，こんなにも自分を引き出してくれるものだとは思わなかった。集中したら本当に相手の意思が伝わってくる感じがして，音楽の中に自分と見えない人が一人だけいるような気がした。
> ○1本の棒で，あんなにいろんなことができるので驚いた。目を閉じても落とさずにできて嬉しかった。細い棒の中にもっと細い芯があることを指先で感じた。

以上，内容的に①〜④のまとまりをつけて「棒を使って感じ合いながら動く」活動の感想の一部を抜粋した。自由で即興的な身体表現から得られるさまざまな気づきが素直に語られているが，そこに語られていることの意味を，①〜④のまとまりでもう少し詳しく考察してみよう。

【授業後の感想①　難しいという印象から面白いという実感へ】

　感想には，相手のことを考えながら自分も動いていくことの難しさや，目を閉じて一歩先さえ見えない不安がよく語られている。不安定な状況のなかで，自分以外の誰かと気持ちを合わせて動くことの難しさに初めて気づく姿が読み取れる。また，それを乗り越えて，ひとたび呼吸を合わせて動くことができ始めたときの気持ちよさや楽しさへの心の変化がよく表されている。

【授業後の感想②　息を合わせることとその感動】

　感想には，息を合わせて成し遂げられることや，その積み重ねで表現が多様に広がっていくことに対して，素直な感激や感動が表されている。現代のような情報化社会では，人と息を合わせて何かを成し遂げる経験はどうしても少なくなる。受講生はこの活動を通して，息を合わせることの親密さや繊細さを具体的に体感したようである。

【授業後の感想③　見えない世界で見えてくるもの】

　感想には，視覚から多くの情報を得ている日常生活から離れたときの，戸惑いも含めた素直な気づきが述べられている。視覚が機能しないとき，人はそれ以外の感覚に頼らざるを得ない。この活動では触覚がとくに重要で，触れるものから伝わってくるものに注意力を集中させることになる。また，活動を続けるなかで，ある種の心地よさを感じていることも読み取れる。それは不思議な浮遊感のある世界であり，そのような世界では，何か新しいものが見えるような気さえするという。何か新しいもの，とは一体何だろう。それは，相手に導かれながら自分も導いていくという豊かなかかわりの世界そのものではないだろうか。

【授業後の感想④　感覚の覚醒と深まり】

　感想には，相手と1本の棒を支え合うというシンプルな活動から，いろいろ

な気づきがもたらされることに驚きを覚えている様子がよく記述されている。また，そのような活動を通して，新しい身体感覚，そして未知の自分や他者との出会いが呼び起こされていることがわかるのである。

　以上の感想と考察を振り返ると，ただ2人で棒を挟んで動くだけのシンプルな表現活動なのだが，そこから派生する深い気づきに驚くばかりである。これらの気づきは，表現の世界に没入することで，日常の自分とは違う自分に出会えた貴重な身体経験の記録である。

2　さまざまな身体表現活動

　ここでは，からだの感性を磨き，新たなからだの気づきを喚起するような身体表現活動をいくつか紹介する。楽しく簡単に取り組める，ふれあい遊び的なものが中心なので，仲間と一緒に早速試してみよう。

(1)「2人でいろいろ」

　2人組は，身体的な表現活動を行う際のコミュニケーションの原点である。まずは，2人で手をつないで軽やかにスキップしてみよう。空間を滑るようにスキップで移動することができるだろうか。それができたら，次は2人で手をつないだまま小走りでスリリングに駆け抜けてみよう。止まったとき，からだをねじったり足を浮かせたりして，わざと不安定なポーズをとってみる。そうすると自然に表現的なポーズになっているから不思議である。

　片手どうしをつないで，引っ張り合うのもおもしろい。手から伝わってくる相手のパワーを感じながら，しっかり引き合ってみる。うまくバランスがとれたらジャンプしてお互いの位置を交代してみよう。

　手をつないで遊園地のコーヒーカップにようにぐるぐる回ることもできる。回り終わると眩暈のような感覚がして気持ち悪いのだが，回るうちにスピード感が増して吹っ飛びそうになる感覚がおもしろくてつい何度も試してしまう。

　リフトにも挑戦してみよう。1人がもう1人を持ち上げるというリフトは，

プロが行うダンス・テクニックというイメージが強いが，高い位置でおんぶしてポーズを取るだけでも立派なリフトになる。2人でかかわりながらどんなリフトができるか動きながら試してみるのもおもしろい。

【2人組でできるいろいろな動きの例】
○両手をつないで
　スキップや小走り，走る〜止まる（止まったとき不安定なポーズをとる），回る，など
○片手をつないで
　回る，引っ張り合う，引っ張り合いながらジャンプ，など
○ダイナミックに
　相手の足の間をくぐる，相手を跳び越える，リフト，など
○止まってポーズ
　反対のポーズをとる（大きいポーズ，小さいポーズなど），からだの一部をくっつけるポーズ〜離れる

写真10-7　2人組で引っ張り合う

写真10-8　1人を肩の上にのせてリフト

(2)「ブラインド・ウォーク」
　2人組ペアになり，1人は目を閉じて，1人は誘導する係になる。目を閉じた人は，誘導係の人に誘導してもらいながら，いろいろなところを散歩する。部屋のなかをひととおり動いたら，次は戸外に出てみよう。目を閉じていると，

光の明暗，空気の温度，風の心地よさなどをいつもより敏感にとらえることができる。誘導係の人に頼んで，木や草や水のあるところに連れていってもらいそれらに触れさせてもらおう。葉に触れると，葉の厚みや葉の面の滑らかさ，葉脈の筋まで感じられる。生き生きとした生命感溢れる自然のモノに素朴な気持ちで触れると，こちらまでそのエネルギーが伝わってくるようだ。

　この活動では，誘導係の人の動きがとても重要である。目を閉じた人がリラックスして散歩が楽しめるように，からだの支え方を工夫したり，いろいろなものに触れられるように手を差し伸べたりなど細やかな援助をしていく必要がある。できれば，目を閉じて散歩を楽しむ人と誘導係と，両方経験するとよい。どちらの役割になっても，得られるものの多い活動である。

写真10-9　目を閉じて木に触れてみる　　**写真10-10　目を閉じて木の葉に触れてみる**

（3）「鬼ごっこ～手つなぎ鬼～」

　鬼ごっこは，からだを敏感にするには最適の遊びである。からだ全体で鬼の気配を感じ取り，捕まらないように全速力で走ってみよう。鬼ごっこの最中は，常に状況が変わるので，からだとこころがくるくると機敏に動かざるをえない。鬼に捕まらないように，あるいは人を捕まえる

写真10-11　鬼ごっこを楽しむ

ために，いつの間にか瞬間的に即興的な判断をしている自分に気づくだろう。ダンスの講習会などの最初に参加者の緊張を解きほぐすために，鬼ごっこをアイス・ブレイキング的に活用している実践者も多い。

　やり方は簡単である。まず，鬼と最初に追いかけられる人（仮にAさんとする）を1人ずつ決める。残りの人は2人組（仮にBさんとCさんとする）になって手をつないでおく。Aさんは鬼に捕まらないように逃げなければならない。Aさんが2人組になっているBさんの手を握ることができたら，とりあえずAさんは逃げおおせたことになる。今度は，Cさんが逃げなければならない番だ。

　Cさんは急いで手を離して逃げる。Cさんはほかの2人組の1人の手を握るまでは逃げ続けなければならない。つかまったらその人が鬼になる。すぐ横の人の手はつながないように，などのルールを工夫するとよりスリリングで楽しい。この鬼ごっこは2人組になっている人たちは動かない，すなわち鬼と追いかけられる人以外は動かないのだが，手つなぎ鬼にはいろいろバリエーションがあり，全員走り続けるものや鬼が増えていくものもある。

　慣れてきて，手をつなぐスピードがどんどんアップしていくと，さらにおもしろくなる。たまには子どものように鬼ごっこを夢中になってやってみて，こころとからだをリフレッシュさせよう。

3　身体表現の可能性

（1）ワークショップから広がる身体表現の可能性

　近年，地域における一般市民参加の芸術・文化的な活動が盛んになってきており，それらはワークショップというスタイルで進められることが多い。ワークショップとはまだまだ聞き慣れない言葉かもしれないが，もともとは「共同作業場」や「工房」という意味である。しかし，ここ数十年の間にワークショップは，「先生や講師から一方的に話を聞くのでなく，参加者が主体的に論議に参加したり，言葉だけでなくからだやこころを使って体験したり，相互に刺激しあい学びあう，グループによる学びと創造の方法」（中野, 2001），として

認識されるようになってきた。そして，その学びのスタイルは，欧米から世界中へ広まり，いまや日本でも全国的な広がりをみせている。身体表現も例外ではなく，ダンス・ワークショップや演劇ワークショップなどがさまざまな地域で盛んに企画・実施されるようになった。

　保育や教育の枠組みのなかに組み込まれている身体表現活動は，時間が短く，決まったメンバーで行うなど，少し不自由な面もある。しかし，あらゆる人が参加でき内容も自由度が高いワークショップというスタイルなら，新しい試みに思いきって挑戦できる。とくにダンス・ワークショップでは，美術など異分野とのコラボレーション，音楽家の共同参加による生演奏，障害をもっている人とももに活動すること，などが最近の新しい傾向として注目されている。次に，そのようなワークショップの試みを見てみよう。

(2) 美術館の彫刻と踊る

　ここでは，大原美術館のダンス・ワークショップの取り組みを紹介する。

　大原美術館（岡山県倉敷市）は，日本最初の西洋美術中心の私立美術館で，エル・グレコ，ゴーギャン，モネ，マティスなど著名な画家の絵画を所蔵している全国でも有数の歴史のある美術館である。最近では美術品の展示・公開だけでなく，美術館の現場における教育普及活動にも力を入れている。そして，そのような教育普及の一環として2002年からは，8月の最後の土日にチルドレンズ・アート・ミュージアムというイベントを開催している。これは，大原美術館のすべてを会場に，さまざまな参加体験プログラムを同時に実施して，子どももおとなも一緒になってアートと遊ぼう，というもので，多数の来場者を得て人気を博している。

　チルドレンズ・アート・ミュージアムでは，作品を見て自分だけの物語をつくる「物語づくり」，大原美術館を外から描く「外から眺める大原美術館」など，いくつもの楽しいプログラムが用意されているが，そのなかでも一際ユニークな試みが「ダンス・ワークショップ野外彫刻とあそぼう！」である。美術館の中庭には，芝生の上にロダン，イサム・ノグチらの彫刻が並んでいる。

このワークに参加する子どもたちは，ファシリテーター役であるモダンダンスグループ Sound of body（岡山大学モダンダンス部とその卒業生によるユニット）の人たちと一緒に，彫刻とかかわりながら踊ったり遊んだりする。

　彫刻と踊る，と聞いただけでイマジネーションが広がりわくわくしてくるのだが，動かない彫刻といったいどのようにして踊るのか。Sound of body 代表で指導にあたっている太田一枝の手記（大原美術館，2003）から具体的なプログラムの内容を一部紹介してみよう。

　　○芝生の上で体ほぐし
　　　簡単な運動をメンバーとかかわりながら行う。手をつないで走ったり，寝ころんだり，ジャンプしたり…。参加者全員で手をつないで円になると，その中に彫刻の存在があり，自分のすぐ後ろに別の彫刻が立っている。また，寝ころんで見る彫刻や立って見ていたときと違って見えたりする…。
　　○かくれんぼ
　　大きな彫刻・小さな彫刻・彫刻の形もさまざま。その影に隠れようとする自分の体もさまざまに変化する。
　　○もう1つの彫刻になろう
　　野外彫刻の空間の中に自分の体をプラスして新しい空間をつくる。
　　○「歩く人」になってみよう
　　顔も手もない「歩く人」。自分が手をつけるとしたら，その手はどんな表情をしているの？それからそのまま動き出すよ。イメージがどんどんふくらんで，自分だけの「歩く人」…。

　このワークショップは，「彫刻と野外の空間に立ち，その場で感じたことをそのままに動きにして踊ってみる」，「その空間の中で踊ることで，参加者が作品と個々の関係（結びつき）をもつ」（大原美術館，2003）というコンセプトで内容が組み立てられており，参加者の自由な発想と人やモノとの相互的なかかわりを大切にしていることがわかる。

第10章　身体表現の可能性

写真10-12　芝生の上で手をつないでか
　　　　　らだほぐし

写真10-13　彫刻「歩く人」に自分なり
　　　　　の手をつけてポーズ

　子どもたちにとっては，いつもと違う場所から彫刻を見上げてみたり，彫刻に顔を押し付けて匂いを嗅いでみたり，など五感を刺激される活動が満載である。筆者も見学したが，以上のような活動を行っていると，あっという間に1時間近く経つ。夏の日差しのなか，緑の芝生の上に子どもたちのからだと声が弾けて，いつもは森閑としている彫刻の庭が生き生きした空間に様変わりする。からだを思いきり動かすので，終了すると汗びっしょりになるが，子どもたちの顔に疲れは見えず，十分に遊んで動き尽くした満足感にあふれていた。

　こころとからだを自由に羽ばたかせると，動かない彫刻とも踊ることができるのだ。「ダンス・ワークショップ野外彫刻とあそぼう！」は，美術とダンスの間にある塀を軽々と跳び越えて，身体表現の新たな魅力と可能性を感じさせるワークショップである。

（3）あらゆる人たちとダンスを楽しむ

　最近では，障害をもった人とのダンス・ワークショップも多く試みられるようになってきた。これについては，海外の舞踊家を招いてのワークショップも盛んで，ミューズ・カンパニーなどの招聘で何度も来日しているアダム・ベンジャミンの車椅子にのった人とのダンス・ワークショップなどが有名である。アダム・ベンジャミンは，1991年に身体障害をもつダンサーとともにカンドゥーコ・ダンス・カンパニーを創設，現在はフリーランスの振付家そして舞踊

教育家として世界各地でダンス・ワークショップ，振付，公演などを行っている。

　また，筆者は2000年に，ヴォルフガング・シュタンゲのダンス・ワークショップ（一般対象）に参加，その後続けて行われた知的障害の子どもたちとのワークショップを見学したことがある。ヴォルフガング・シュタンゲも，度々来日しており，障害のある人にもない人にも創造的な身体表現の場を提供している。ヴォルフガング・シュタンゲは，自由にからだを動かして創作していく「ダンス・ダイナミクス」という独自の手法でワークショップを展開する。実際に参加してみて，ほとんどのワークがインプロヴィゼーション（即興）で最初は戸惑ったが，着実に動きの手がかりを与えてくれるので自然に動きが出てきて楽しく踊ることができた。知的障害の子どもたちとのワークショップも同じ手法で展開されたが，最終的には障害をもっているということを忘れてしまうくらい，独創的で素晴らしい踊りが創作，披露された。ヴォルフガング・シュタンゲの障害をもっている人たちとともにつくり上げるワークショップについては，VTR「みんなちがってみんないい──ヴォルフガング・シュタンゲのダンス・ワークショップ」（野中剛監督，1990）に詳しく紹介されているので参考にするとよい。

　このようなダンス・ワークショップでは，身体的，人種的，文化的差異を超えて，ダンス作品が創造される。いま，保育や教育の現場で，健常児と障害をもっている子どもたちとの統合的な学びの場の必要性が叫ばれ，さまざまな実践が試行錯誤されている。そのような実践を先導し拓いていく力が身体表現にはあるのではないか，とあらゆる人たちと踊る創造的なワークショップに出会うたびに実感するのである。

第10章　身体表現の可能性

> **学習課題**
> ○日常の保育のなかで，子どもがからだで表現している，ととらえられたことを記録してみよう。そのときの状況，子どもの動きや思い，また，その表現に対して自分がどのように反応したか併せて記録しておこう。
> ○文中で紹介している活動「2人でいろいろ」「ブラインド・ウォーク」「手つなぎ鬼」を実際にやってみたときに，感じたことを書いてみよう。からだがどのように動き，そのときどう感じたか。とくに新しい「感じ」やいつもと違う「感じ」を大切にして記述してみよう。
> ○地域で開催されている身体表現関係のワークショップに参加して，その活動内容や流れを書き留めておこう（ボランティア参加や見学でもよい）。

参考文献

大原美術館『かえるがいる　大原美術館教育普及活動この10年の歩み1993-2002』大原美術館，2003年。

大原美術館『チルドレンズ・アート・ミュージアム2004＋工芸館藤本由起夫・大原美術館記録集』大原美術館，2005年。

鯨岡峻『原初的コミュニケーションの諸相』ミネルヴァ書房，1997年。

中野民夫『ワークショップ――新しい学びと創造の場』岩波書店，2001年。

新山順子・高橋敏之「保育者としてふさわしい身体を養成する身体表現の可能性とその実践」日本保育学会編『保育学研究』第41号第2号，2003年。

西洋子「保育者と身体性」日本保育学会編『保育学研究』第39号第1号，2001年。

野中剛監督「みんなちがってみんないい――ヴォルフガング・シュタンゲのダンス・ワークショップ」I.A.D制作，1990年。

ミューズ・カンパニー・ホームページ　http://www.musekk.co.jp

村田芳子編『新しい表現運動・ダンス』小学館，1997年。

（新山　順子）

第11章 保育内容「表現」の展望

　この章では、保育内容「表現」のなかで身体のリズムのとらえ方の変遷などを通して、「表現」領域の「成果」「課題」を整理し、今後の保育内容「表現」領域としての「発展」を述べたい。まず、従来の成果ということで、これまでの幼児の発達を促す表現活動を検証することで、どのような表現活動が文化として受け継がれてきたのか身体のリズムの観点から整理する。さらに、これまでの保育内容「表現」について、基本となる幼児のリズム論に依拠した遊びの展開を述べる。そのことを踏まえ、近未来の保育内容のあり方としてこれからどのように開発し、実践のなかで生かされていくべきなのか、基盤となる考え方とそこから派生する幼児教育の内容について明らかにしたい。

1　保育内容「表現」の成果——身体のリズムの変遷をたどって

(1) 明治期から昭和40年代までの唱歌遊戯の変遷

　唱歌遊戯は「お遊戯」として明治以来発足し、昭和40年代頃まで継続されてきた。しかし、一方で1945年を境に新しく領域「音楽リズム」として、それまでの「お遊戯」を切り捨てた幼稚園教育要領が誕生した。いわゆる要領の「音楽リズム」とお遊戯が複線型の形で行われてきたのである。さらに、現行の教育要領では、身体表現教育は形としての表現よりも、表現する意欲とその過程を重視し、幼児の気持ちを受容する保育者の姿勢を肝要なものとしている。そ

第11章　保育内容「表現」の展望

の意義は十分認められるが、そこには具体的内容、方法は明確に示されていない。そこでそれぞれの遊戯に関する理念を整理し、各遊戯書に記載されている遊戯作品を抽出し、主に身体の動きのリズムから分析した。唱歌遊戯作品は時代とともに大きな変遷を遂げていくが、なかでも遊戯作品における身体の動きが有しているリズムに着目し、唱歌遊戯におけるリズムのとらえ方がわが国の身体表現教育に果たした役割と意義について考察し、これからの保育内容の身体表現の示唆を得ることを目的とする。

（2）遊戯作品にみられるリズムのとらえ方

明治期の唱歌遊戯作品におけるリズム　明治期の唱歌遊戯は1874～86（明治7～19）年頃は翻訳書にみられる唱歌遊戯作品が中心であり、実際にわが国の教師が遊戯を生成するのは1887年以降である。したがって、リズムもその楽譜によると西洋調のものとなっている。明治の唱歌遊戯の実際についてみると、1887年「蝶々」大村芳樹『音楽之枝折』がある。この作品は、2人組で蝶々の形を模して、花を表現している子どもたちの周囲を回る遊戯である。花の表現は立位で手で表している。また、1902年「桃太郎」髙井德造『新編表情遊戯』では、はじめの一節の「桃太郎さん」の振りは一拍一動作であり、拍子に合わせて動きがつけられている。それぞれの歌詞の一節に対応したジェスチャーが行われて、いわゆる歌詞にあてはめる「あて振り」による動作で構成されている。次に、1903年「お月様」は、曲の前半では、集団で手をつないで「み日月」や「まん月」をつくる行進しながら隊形変化を行う描写的な動きを行い、曲の後半の「日本中をてらす」の箇所は、個人による簡単な身振り動作が行われる。唱歌も数字譜として掲載されており、拍子で区切られた洋楽調の曲である。さらに1910年「何事も精神」では、隊形変化行進とステップ、足踏み、拍手と模倣動作と体操的動作の組み合わせで構成されている。このように、明治期の唱歌遊戯は20年代は歩行中心で2拍子系の行進リズムが中心であり、30年代は歌詞に振りをつけた1拍1動作の拍子に合わせた動きであり、40年代は円や列で脚の各種ステップを付加させ、リズムの刻み方も複雑になる。いず

161

れも，手拍子で動きのリズムが刻められるものであり，曲・歌詞は明治後期の徳目の影響も含め，別の教育的な役割を担っていたものと考えられる。

大正・昭和前期——土川五郎の律動的表情遊戯作品のリズム

大正・昭和前期に活躍した土川五郎の作品におけるリズムについて検討する。土川は明治期の拍節的な遊戯を大きく変え，リズムの変化に着目した。土川は，リズムは幼児の筋肉を振動する力を育てているとし，自然から感じるリズム，幼児の自然な遊びからの振り，歌詞の感じを基礎においた振付，そして全身を大きく使った動きというように，その振りこそが動きの表情であり，心の表現であるとした。土川の遊戯作品の特徴は小動物，虫からの題材が全体の25％と多い。さらに日常の遊びという幼児の親しみのある活動を題材としている。

表情遊戯は，ものの様子を表す振りが多くみられ，それは，単なる動きの模倣によるあて振りと異なり，イメージを有した振りとなっている。つまり，そのものを表すのではなく，その歌詞のなかからイメージできるもの，印象的なもの，作者が感動したものをもとに振りがつくられている。作品の動きにみられるリズムは，1933年雑誌「蛙のプール」の作品では，子ども自身が蛙になって，池のなかでいろいろな動きを楽しむ振りで構成されており，動きは，全身を使って，上に下に，また2人で拍手したり回転したり，仲間の蛙ともかかわる動きとなっている。「立つ—屈む」といった動きの組み合わせが随所にみられ，その動きは敏捷性を含み，曲にあわせ，蛙をイメージしたリズミカルな軽快な感じがあらわされる。

1929年『コドモノクニ』に掲載された「鞠（まり）と殿様」の作品は，現代でも歌い継がれているものであり，手まりのストーリーになっている。振りは，手まりをつくところからはじまり，跳んでいったところも大きく腕をふって表している。また，視線と腕の動きを大きく上にして，まりの方向を表し，まりの軽い跳躍で躍動感を表している。したがって動きのリズムは跳躍を中心にいた軽快なものであり，明るい曲に合わせたリズミカルなものとなっている。このように，躍動感あるリズミカルな動きに加え，手，腕による技巧的な心情表現をイメージをもって動く構成である。それは，単純な軀幹による動き，全身を使っ

た大きな動きと躍動感ある振付，さらに絵と童謡と身体表現の総合的な関連を有し，ナチュラルな動きにみられるリズム，そして幼児の遊びから取材した振りつけといったその後の遊戯作品への礎を築いたものである。彼は，リズムと合った大きな動きでかつ感じをもった教育的な振りをめざし，それは実際の作品上にも現れ，大きな動きで躍動感ある運動量をもち，歌の内容にうまく沿ったものであった。

昭和期の唱歌遊戯作品——戸倉ハルの唱歌遊戯作品のリズム 1945年前後の保育内容の変革を体験し，その変化の過渡期に活躍した人物として戸倉ハルをあげることができる。戸倉の唱歌遊戯作品の題材は，身近な自然現象と遊び，動物，虫から取材された作品が60％近くみられた。日常の子どもの生活や遊びから取材したものが特色であるが，これは明治期，大正期から継続された傾向である。身体表現方法については，たとえば作品「シャボン玉」は，シャボン玉を飛ばす気持ちや，飛ばした後の気持ちを込めた心情豊かな作品であることが伺われる。また，事物の様子を動きで表すものとして，鳥の様子を両手での羽，くちばし，しゃがむといった身体の動きで示しており，身近な題材の鳥の特性をとらえて，振りに転換しているのをみることができる。

さらに，風の様子は，花を左右に動かして風に揺れる様子や，細かな動きが全身の動きになめらかにつながるように記されている。ここでは，実際にそこにないものを表す表現方法を示している。たとえば，実在しないものを「見る」という表現法を使う。「見る」という方法は，「つないだ一方の手を高くあげてその方を見て，とおくのおやまを表す」や「逃げられたせみとりは，せみのとんで行く方を見る」といったようなその行方を追うような視線で，あたかもそれが実在するかのように表したり，見ることで実在しないがそれがあるように表す方法である。実在しないものの表現は，なにもかも見える形によって表現しようとしているのではなく，作品の作風を示しているものであるといえる。すなわち，身体の外で表現し得る可能性を示したものであり，そこはかとない情緒を感じさせるものである。動きの振りだけに終始しない動きの香りともいうべき作品の品性を感じさせる役目を果たしている。

感情に関する遊戯の説明を整理すると,「のどかに」「仲良く」「たのしく」「うれしそうに」「こっけいな」など13種類の感情が作品のなかに現れていた。振りを単なる身体の運動としてではなく感情をともなう「動き」としている。つまり,振りに感情が溶かし込まれ,実際に遊戯を体験することでその気持ちの一端を味わうことができる。また,作品の説明の「自由に」という内容は,「まかせる」「すきなものになる」「工夫する,考える」「創作する」であった。さらに,「きのこ,どんぐり,落ち葉について自由に表現させる」や「ちょうちょや花の表現はできるだけ子供の自由にさせたい」のように,いずれも容易に子どもが動きを想像しやすく,またその題材が動きをともなったものを「自由に」としている。
　このように,遊戯作品のなかでの大きな流れは指示しているが,あとは幼児にまかせ,工夫させ考えさせる余地をもたせている。これは,戦後の特色であり,振りに幼児自身が息を吹き込み生命を与えることでもあるととらえることができる。1933年の倉橋惣三との対談で「幼児の表現は一刀彫のようでありたい」といった言葉に感動を受け,戸倉作品の振りは大きく,自然な幼児の動きをとらえている。また,歌詞や作品の情緒を示すためには,手・腕の動きを多く使用し,手首,掌をもあわせた細やかな動きの表現を示そうとしている。さらに,戸倉の作品は,戦前は動きのなかの「動的」な用語を使用し,戦後は頻繁に「リズム」の用語を使用している。戦後は,「教育指導要綱」に行進遊戯,唱歌遊戯からダンスという名称に変化し,そのダンスの一般的説明として,ダンスとは,「心に内在するリズムを創造的に自己表現したもの」であり,身体を素材としたものがダンスになるとしている。戸倉は,肉体の美的感覚をもって律動化したものがダンスであるということから,「からだの作文」と呼んでいる。一方,幼児においては,「遊戯,遊び,リズム遊戯」はいずれもダンスであるとしている。
　すなわち,表現を主として,それをリズミカルに取り扱うものであり,幼児の動きは未分化であるからこそ表現対象を如実に扱うような直接表現がふさわしいとしている。むしろ,幼児には,心と身体に合ったダンスを与えるように

「遊び」と呼ぶことがふさわしい，と述べている。つまり幼児にとっては，「生活の大半が遊び」であり，遊びから題材を見いだし，これを，リズミカルに整理することであるとしている。ここで幼児とリズムについては，生活のなかのリズムである「鬼ごっこ」「まりつき」「なわとび」など遊びとリズムの関連に着目し，幼児が歌いながら遊び，遊びながら歌う姿こそが自然にリズムを体得する方法であるとしている。すなわち，ままごとのリズムは静かな細かなリズムであり，まりつきのリズムは活動的で，弾んだリズムというように，遊びそれぞれにそのもののリズムをもっているのである。

　また，幼児は体を通して音楽を聞いているのであり，音楽に合わせて動く振りは，遊びの動作をリズミカルに運ぶための詞，曲であるとしている。したがって，簡単な遊びや，日常生活からの取材による題材選択，わらべうたこそが，言葉のなかに自然にリズムがつき，抑揚ができて歌になっていくといった子どもの心を素直にそのまま歌っている歌であるとしている。幼児の動きについては，子どもは動くものの表現を好み，工夫すべき点であるとしている。戸倉の作品は，幼児の自然な遊びのリズムに流れを見いだし，ひとまとまりの曲に合わせて遊びから見いだしたリズムの追体験，再体験ができるように構成されている。戸倉の作品は幼児の生活，遊びに根ざした方向性が明確となっていき，戸倉の作品は既成作品であり，経験の追体験ではあるが，その作品が子どもの生活から産出されている。ここに，子どもの遊びのなかに動きのリズムを見いだし，作品としてつくりあげていった戸倉の創作の姿勢が見いだされる。すなわち，子どもの遊びや生活のなかにリズムを発見し，それを振りの型として提示した。以上のような戸倉作品の特徴を表す「遊び，生活，心情，リズム，自由」は幼児の身体による表現活動として，これから伸びていく幼児の心と身体に柔軟な，いかようにも表現できる可能性をもったものとしていくための基本である。

　以上，明治期から昭和中期までの代表的な唱歌遊戯作品を対象として，その振りの特性のなかでも動きのリズムについて概観した。その結果，明治期の拍節的な動きから躍動感あるリズム，そして幼児の遊びのなかの内在するリズム

への着目からの作品化への変化を認めることができた。それは，具体的に手拍子，足踏みといった四肢だけによる2拍子系の動きから身体の軀幹をともなった全身的な大きな動きでのリズム体感への変化でもあった。同時に，単に曲の拍子に合わせるものから幼児自らが有している遊びのなかのリズムへの着目であるといえよう。その結果，幼児の動きとリズムが一致による快感を感じること，またそれらの動きは，連動し，流れをもっているものであった。換言すると，リズムによって幼児の身体が動くことであり，それは，身体の動きのリズムだけではなく，言葉のリズムと動きのリズムの合致や繰り返しなどによる快感と感情の表れを示しているものである。時代が経るに従って，リズムはすなわち子どもの生命そのものであり，子どもはリズムに生きることを明確に教育のなかに位置づけていった軌跡であるといえる。その大きな変化の兆しは，やはり大正期の土川の出現によるであろう。当時，土川の作品を評して「教育の方便としてのリズム」の論文が掲載された。そこではE.J.ダルクローズ（Jaques-Dalcloze, Emile）のリズム教育も述べられ，土川もダルクローズにふれている。しかし，彼はそのままリトミックを移入するのではなく，自らが幼児にふさわしいと思われる振付を行っていったのである。それは戸倉の作品にも継続され，さらに幼児自身の有する内的な生命リズムを遊びに見いだして作品を生み出していくのである。

　それは，確かに既成作品といわれるものであり，型にはまった動きであると批判されるかもしれない。しかし，その変遷は幼児自身のリズムを尊重したものであり，そのことこそが現行の幼稚園教育要領で明記されている「自分なり」の重要な要素ではないかと考える。今一度明治期以来連綿と継続してきたわが国の教師が自ら生成した遊戯作品の価値を考え，その精神を生かした保育内容の構築を考える必要があろう。

2 保育内容「表現」の課題──身体のリズムの現在

(1) 幼児における身体のリズム論

　戦後,音楽リズムとして,新しい名称をもった領域名は,現在絵画製作とあわせて「表現」とされている。なかでも,音楽表現に関する身体の動きの基本的視座として E.J. ダルクローズおよびその影響を受けて独自の内容を構築した C. オルフ (Orff, Carl) の論に拠って動きのリズムの特質について述べる。その観点を踏まえて幼児の現在の遊びのリズムについて述べたい。

　まず,第1に,身体の動きによる拍節的リズムの発見である,これについて,ダルクローズは,音楽と動きの関連性について,まずリズムをあげている。これが,彼の論の起点であり,その後音楽と動きの融合させた Moving Plastic（動的造型）へと発展させていく。幼児においては,リズム体験を経ることにより,音楽的要素に対応した動きによる筋肉感覚のリズムの知覚を導くとしている。その内容は,歩行運動を出発点としたものであった。さらに,その拍上に上腕で拍が刻まれ,四肢の動きを中心としたものは型として定着し,運動としては拍子にあわせた拍節的なものとなる。しかし,ここで注目したいのは,ダルクローズ自身が子どもは音楽を感じるように学ぶことであり,音楽を単に耳によって吸収するだけではなく,全身で感じ取るようにすることであるとしている点である。これは,内的聴力やそこから派生する音楽的感情との関係からも身体を通した音楽体験への示唆に富む言葉である。同様にオルフは,子どもが最初に出会う最も自然な楽器として,子ども自身の手拍子,足拍子,膝打ち,指ならしをあげ,これらをサウンド・ジェスチャーやボディ・パーカッションとしている。これらは,いずれも身体の動きを通してリズムを感じる方法である。しかし,オルフの特徴としては,子どもの言葉のリズムへの着目がある。それは,言葉のリズムに合わせて,手拍子,足拍子を使い,拍を意識した身体の動きの体験を「リズム体験」としている。

　第2に,リズムを体現する流れとしての動きへの着目である。ここで,ダル

クローズは，前述した動的造型への理論構築で，たとえば，膝付きの状態から直立姿勢までの一息の流れのなかで急激に起き上がる動きや，腕の動きに対立した胴体の動きといった。それまでの四肢の動きから軀幹をともなった動きへと変化する。そこでは，身体を中心から揺り動かす動きをともなってくる。このように，それまでの拍節的な動きからフレーズ感をともなった流れのある動きが見いだされるようになる。動きのリズムの発展形となる。一方，オルフでは，基本的な動きとして，歩く，走る，ジャンプする，スキップする動きに加え，リズム変化に対応した動きがみられるようになる。これらは，自然運動を援用したものである。そのなかでも，たとえばターンの動きについてその目的が動きの連続における流れを得ることであるとされている。また，腕の可動性は，全関節のなかでも大きく，腕を動かすことで，身体の動きに流れができる，とされている。また，オルフは，オスティナートという繰り返すことでの心地よさを指摘している。このように，いずれも拍節的な動きから本来リズムが内包している「流れ」に注目し，身体の動きでそれを体現しようとしている。

　第3に，身体の動きと音楽の融合についてである。ダルクローズは，Moving Plasticの開発として，身体を通しての音楽的感情や感覚の表現についての完璧さの追求は，絵画や彫刻芸術と区別して，われわれが動的造型とか生的造型と呼ぶことのできる芸術分野にはいるとしている。ここでは，音楽と動きを融合させた新しい局面を見出している。すなわち，感情の表現として指摘され，幼児ではドラマ化によるイメージの表現体験として表れている。一方，オルフは，音楽をただ聴くだけではなく，その人自身がつくりだす音楽，そして参加できる音楽をめざし，踊り手が舞台上で演奏したり，演奏家が身体を動かすことを考案した。また，イメージを媒介とした音声を含めた音や動き，描画，ものなどによるさまざまな表現媒体とのかかわりを尊重し，各領域が柔軟なつながりをもち，総合的な表現体がみられる。以上，このような2者の身体上のリズム論を基に，現在の子どもの遊びのなかでのリズムの表れについて述べたい。

第11章 保育内容「表現」の展望

（２）遊びにみられるリズムの実際

まず，第1の拍節的リズムが身体に表れる事例を示そう。

> **事例1　リズミカルなさら砂づくり**
>
> 　木片の上に砂をおいて，トントンとリズミカルに板を動かし，さらさらの砂をつくる作業をしている。その時，A女児は，「ワーワー，スットト」と節をつけながら，繰り返している。

　このような，遊びの場面は，よく見られるものである。これは，確かに幼児が感じとったリズムを自分の身体で感じ体験し，声に表したものである。そこでは，その表れが必然的なものであり，わざわざ表しているものではなく，自然に幼児自身から生み出された声である。むしろ，身体を動かしているなかで思わずそうしてしまった，ともいうべきものである。何気ないが，リズムが基底に流れている。その際の身体の動きは，その鼻歌に先んじてその音楽表現を身体の動きへと導いているようである。さら砂をつくるために，必然的な板の動きにあるリズミカル性につられるかのような鼻歌は，「調子のよさ」に誘われたものといってよいであろう。

　第2に流れとしての動きにみられるリズムとして，次の事例を示そう。

> **事例2　ブランコの揺れに歌を合わせる**
>
> 　ブランコに腹ばいになって揺らしたあと，立ってこぎ始めた。そのブランコの揺れに合わせて幼児の知っている歌を大きな声でうたう。リズムは，ブランコの揺れに合わせて変化させている。同じく，隣のブランコの女児も声を合わせてうたっている。

　このように，ブランコの揺れに合わせて知っている歌を次々にうたう姿は，ブランコの揺れが身体に伝わり，心地よくなることで表れたものであるといえよう。大きな声で揺れの長さにあわせて音符の長さを調節しながら歌い続けている。身体感覚の心地よさで，思わず言葉が旋律をともなって出てきた様子である。このように考えると，あるひとまとまりの動きを繰り返すことで1つの

フレーズ感がうまれ，その時の身体の動きのなかにリズムが表れている。これは，拍子が優位なものとなることと比べ，そこにひとつの流れを感じさせるものである。

次に第3の音楽と動きが融合した表現としての事例を示そう。

事例3　イメージによるドラマ化とリズム表現

　プラスチックのブロックの1つをA女児が空中でゆらゆら動かしている。「フワーフワフワー」や「フワフワフワー」と節をつけながら，動かしている。これを20回ほど繰り返す。上方に高くあげて「もっと高く，もっと高く，フワ，フワ，フワフワ」と高いトーンで声を出す。途中から「フワリーフワリーフワリー」とリズムを変えて繰り返す。その後「ゆうれいのおじさん，やさしくなったんだ」と近くの幼児にいって「フワワフワー」と語尾をのばしていく。この後，ゆうれいと遊び，子どもが登場したり，魔法の国へ行ったり，花を持ったりする。その際，「チューリップ」の歌をうたいながら花を人形に付けていく。途中相手の幼児は変わるが，話はどんどん展開していき，この活動は約1時間続く。

このようにブロックをゆうれいおじさんに見立てて活動を行った事例であるが，そのゆらゆらした動きに合わせて声やリズムを変え，それに節がつき，即興の効果音を聞いているようであった。そこでは，イメージによるドラマ化が見いだせた。ここでの事例は，イメージを共有する仲間の存在があり，それが表現としての発展を促していることがわかる。

　以上，理論的な視座として得られたことをもとに，実際の幼児の遊びに表れるリズムについて事例を示した。第1に，拍節的な動きは，動くことで幼児の内的な充実が得られ，それが音声として導かれ，そこには動きによって体験されたリズムが生み出されている。第2に，活動，動きのある程度の長さ，繰り返しなどによってさらに快感が充足し，その結果，内的なものが口を通してあふれる状況が生じ，そこで幼児は流れをもったリズムを体験しているのである。第3に，イメージを仲間と共有することで，音と動きとリズムの総合的な展開し，そのリズムを共有することで共振しているといえよう。これらの事例は，拍節，リズムが分離されて存在するものではなく，それが渾然一体となったも

のとして表れている。このことは，オルフの指摘のように，さまざまな表現媒体を柔軟に結びつけることによって，生起する総合的な表現体に近いものであること，それが幼児の遊びの世界にも共通していることがいえる。

このように，幼児の遊びのなかにこそ，身体を通したリズム体験が存在し，総合的な活動のなかに身体の動きを取り入れ，十分な自己発揮をすることによって，さらにあふれんばかりの表現が口を通して楽器を通して幼児の内実の思いを表しているといえよう。そこには，当然のことながら保育者の眼が問われる。すなわち，幼児の表に現れる以前の思いを感じ取ることのできる保育者の受容性が問われるのである。表現の形は，そのような子どもと保育者双方の創造的な活動であるといえよう。それは，今，眼前の子どものなかに表れているのである。

3　保育内容「表現」の発展

（1）「表現」における「あらわし」と「あらわれ」

本来，表現とは，大場によると，幼児が人間として存在すること自体を意味する。さらに幼児は身体で自らの世界の意味をとらえており，それを行為として表現している。したがって，保育内容と表現の関係は，表現させるために保育するのではなく，むしろ，周囲の保育者が目の前の幼児の表現に気づき，身体に表れる内面を認めることが先決である。また，表現における「あらわし」と「あらわれ」についても，表現している側である幼児が何かを表そうとしなくても思わず外に出てしまうという「あらわれ」をもとに，さらに意図的に何かを表そうとする「あらわし」へと変化していくものであろう。身体のリズムも然りである。この両者をあわせた双方向のものをここでは「表現」としてとらえている。

一方，幼稚園・保育園での日々の活動である保育内容は，「幼稚園教育要領」「保育所保育指針」による5領域を中心として幼児の日々のあそびと生活が結びついている。しかしながら，その内容は理念と大枠が示されているにすぎず，

その結果,「表現」領域の活動としてもその具体的な方法はさまざまなものとなっている。それは, 幼児の生活, 地域を生かしたその園の独自の工夫による教育課程を促すものとして, しばりの緩やかなものとなっているともいえる。だが, その具体的な内容は明確なものではなく, 各園の解釈によって活動内容が異なっているのが現状である。しかしながら, 人間として存在し, 何かを感じとり, 自らの身体をもって表わそうとするその姿には, 内容論として基本的な視座が得られると考えられる。それは, 近未来の創造的表現活動ともいえるであろう。

(2) 保育内容にみる創造的表現活動

　2003年度に実施した保育内容の全国の公立幼稚園の教育課程調査結果によると, 創造的な表現活動と考えられる活動として, 5件から25件以上記述されている活動内容は, 3～5歳時期を通して「歌を歌う・聴く」「砂・土・泥を使う」「リズム・ダンス・遊戯」「描画・製作をする」「紙芝居・絵本をみる」「劇をする」などが共通して多くみられた。さらに, 4歳時期で「色水をつくる」「合奏する」「お店・レストランごっこ」「絵の具を使う」「遊びに使うものをつくる」, 5歳時期で「人形劇・ペープサート」「言葉遊び」「お話・物語」が年齢ごとに付加されている活動である。つまり, 3歳時期の活動をもとに継続しながら, 4, 5歳時期でほかの活動を付加しながら, その具体的内容は変化, 発展しているものと考えられる。

　これらの表現活動を成立させている共通要素として, 生活, 遊び, イメージ, リズム, 音, 身体, 仲間, 物があげられる。これらは, 幼児が内面のものを外に表そうとしている際用いる表現媒体である。このようなさまざまなものを駆使することで, 心を表しているのである。さらに, 周囲の保育者などおとなは, その媒体を通して, 内面を推測する。それは, おとな側の勝手な解釈であったり, 感情移入ではなく, その心持ちをともに感じようとする方向性をもつことが重要である。加えて, その表現内容は, 単なる活動ではなく, 媒体を使った創造的な活動である。つまり, その子どもによってしか表現し得ない世界であ

る。同じものは2つとして存在しないのである。しかもそれは，その表現の世界を認められる周囲の仲間やおとながいてつくりあげられるものでもある。

(3) 保育内容「表現」の展望

　保育内容「表現」は，ある程度の手順にしたがって形づくられるものではなく，創造的な要素を含むことで予測を超えることを内包している。つまり，つくりあげていくプロセスのなかで，予想を変化させ，思わぬ結果を出すときもあるし，大きなハプニングが起こることもある。しかし，それは，新たなる世界を構築する「表現」領域の宿命であり，逆に予想されるプロセスや結果を出すことは「表現」としては，不十分なものであることが考えられる。しかしながら，創作のプロセスを踏むには，それなりの条件や手立てが必要である。その内容が乏しい時には，新たなる世界が生み出されても小さいものであったり，パターン化された定型的な内容しか生み出されないことがある。いわゆる，豊かな表現力とは，出来上がりはおとなの目からみても未完成であっても，そこに幼児の思いが十分に表されていることを読み取れることである。幼児の表現活動を見ていると，楽しい時，喜びがある時は自ずと手が動き，身体が動く。

　そこには，あまり生み出す苦労は見られない。それは，幼児の内面世界と外的世界の間のフィルターが薄いからかもしれない。思ったまま，感じたままの素直な表現である。それがどのように評価されるか，気にしはじめるとあらわれはぎくしゃくしたものとなる。一方，おとなは，表現の結果に着眼する前に，そのあらわしをする過程をともにたどる努力を惜しまないことである。真剣にそのプロセスを感じようと努力することである。難しいことであるが，そのことこそが保育を真剣に行うことである。幼児のつくり上げる心の動きを見逃さないことである。ともに新たなる世界を築く道程を歩もうとすることである。幼児の傍らに身をおけた時こそ，その幼児の世界を共有できる可能性が開け，理解へと向かう。「表現」領域は結果が目にとまりやすい分野でもある。どのような媒体を用いていようとも，結果以前のプロセスに多く着眼することで，その活動の評価も異なってくる。さらに，そこで育つものにも目がとまるよう

になる。活動自体に心を寄せる時，新たなる表現の展望が開けてくるのであろう。

学習課題

○筆者が考える保育内容「表現」の展望をまとめてみよう。
○あなた自身が考える幼稚園・保育園における「表現」領域のあり方をまとめてみよう。

参考文献

大場牧夫『表現原論──幼児の「あらわし」と領域「表現」』萌文書林，1996年。
竹内敏晴『子どものからだとことば』晶文社，1983年。
津守真『保育の一日とその周辺』フレーベル館，1989年。
名須川知子「幼児の表現生活に関する基礎的研究Ⅱ」兵庫教育大学編『兵庫教育大学研究紀要』第12巻，118，1992年。
名須川知子「幼児の音楽表現における身体の動きの意味」日本保育学会編『保育学研究』第36巻第1号，52-58，1998年。
名須川知子「遊戯作品にみられる動きのリズムの変遷に関する研究──明治期から昭和初期まで」日本保育学会編『保育学研究』第40巻第2号，57-63，2002年。
名須川知子，小谷宜路「保育内容の構築関する研究──公立幼稚園における保育内容の調査を中心に」兵庫教育大学編『兵庫教育大学研究紀要』第20巻，9-21，2005年。

（名須川　知子）

索　引
（＊は人名）

■ア行■

＊アイスナー，E.W.　86
　足踏み　166
　遊び　14, 86
　遊びのなかのリズム　166
　頭足人的表現形式　69
　頭足人型　64
　アニミズム表現　64
　あらわし　171
　あらわれ　171
　生きる力　2
　衣食住　105
　一回切り　83
　異文化理解　11
　イメージ　6, 117, 162
　イメージ形成　120
＊ウィルソン，B.　69
＊ウィルソン，M.　69
　動きの表情　162
　動きのリズム　167
　うたい始め　37, 38, 41
　うたう　42
　　――表現　48
　歌の獲得　40
　裏声　51
＊エング，H.　68
　オスティナート　55
　音環境　58
　音と動きの融合的活動　132
　音への興味　45
　音や声の世界　33
　音や声を聞く　35
　鬼ごっこ　153
　オペレッタ　104
＊オルフ，C.　41, 55, 167

　音域　43
　音楽環境　44
　音楽づくり　18, 19, 21
　音楽的刺激に対する身体の反応　37
　音楽と動きの融合　170
　音楽表現　2
　音程　43

■カ行■

　絵画表現　64
＊カイヨワ，R.　121
　核家族化　7
　拡大表現　64
　カスタネット　53
　カタログ期　64
　学校教育　6
　家庭造形教育　75
　家庭との連携　108
　紙類　99
　からだ　144
　からだの作文　164
　環境　120
　環境音　24, 30
　環境構成　3
　環境づくり　90
　感受性　6
　鑑賞教育　11
　器楽合奏　56
　既成の歌　40
　季節　107
　基底線　64
　技法遊び　86
　行事　107
　共同体　123
＊鯨岡俊　145

＊クック，E. 63
＊グッドイナフ，F. 68
　クラシック音楽 136
　クリエイティブ・ミュージック 19, 21, 22, 23,
　　24, 29, 30
＊クレー，P. 64
＊ケージ，J. 23, 24, 25, 26, 27, 28
　劇遊び 138
＊ケルシェンシュタイナー，G. 68
＊ケロッグ，R. 70
　言語表現 2
　現代音楽 24
　　前衛的な音楽 21
　　第2次世界大戦後の音楽 2, 24
　原体験 8
　原風景 8
　工作材料 98
＊古宇田亮順 104
　声の表現 38
　国際理解 11
＊コダーイ，Z. 52
　固定的概念 9
　言葉かけ 67
　子どもらしい歌声 53
　コミュニケーション 145
　コミュニケーションとしての造形表現 101

━━ サ行 ━━

　材料 92
　サウンド・エデュケーション 24, 28
　サウンド・ジェスチャー 167
　さわる 114
　シアター・ピース 24 29
＊シェーファー，R.M. 20, 23, 24, 27, 28
　視覚的知識 71
　自国の文化 11
　自己表現 2
　自己表出 12
　自然運動 167

　自然体験 6
　実技至上主義 73
　児童画 68
　児童館教育 77
　自分なり 166
＊シャガール，M. 64
　写真 87
　就学前造形教育 63
　集団遊び 7
＊シュタンゲ，W. 157
　出生率 7
＊シュテルン，W. 68
　小学校生活科教育 77
　唱歌遊戯作品 161
　心情表現 162
　身体楽器 55
　身体感覚 145
　身体言語 116
　身体性 145
　身体像 71
　身体の動きのリズム 161
　身体表現 2, 18, 19, 29
　身体表現とイメージ 120
　人的環境 47 123
　人物描画 69
　図画工作科教育 74
　スキップ 151
　スクリブル 64, 69
　すず 53
＊スペンサー，H. 70
　声域 51
　生活体験 6
　成功体験 13
　制作崇高主義 73
　精神世界 71
　生命リズム 166
　騒音 44
　造形遊び 65
　造形活動 65

造形感覚　68
造形教育原理　68
造形原理　65, 68
造形思考　68
造形展　89
造形表現　2, 63
造形理解　68
造形理論　65
総合表現　137
創造性　3
創造的な表現活動　172
素材　127
　自然素材と加工素材　98
即興演奏（表現）　26, 29
即興歌唱表現　49
即興性　24, 30

=== タ行 ===

大学美術教育　74
大脳生理学　72
太陽型図形　64
達成経験　13
＊ダルクローズ，E.J.　166
　ダンス・インプロビゼーション　157
　ダンスダイナミクス　157
　タンブリン　53
＊チェンバレン，D.　75
＊土川五郎　162
　つぶやき歌　41　49
　デジタル表現技法　102
　手拍子　162
＊デューイ，J.　65, 106
　展開描法　64
　投影的段階　117
　同期　43
　動機づけ　3
＊戸倉ハル　163
　図書館教育　77
　怒鳴り声　52

トライアングル　53
泥んこ遊び　8

=== ナ行 ===

内在するリズム　165
内的聴力　167
内発性　8, 74
＊永柴孝堂　104
流れ　168
流れとしての動き　169
喃語　40
日本文化　11
乳児　33
粘土　99
　油粘土　99
　紙粘土　99
　小麦粉粘土　99
　土粘土　99

=== ハ行 ===

＊バート，C.　68
拍節的リズム　169
発達課題　5
発達速度　3, 69
発達と身体表現　111
発展的造形表現　102
発表会　56
パネルシアター　104
バランス　151
美育　4
＊ピカソ，P.　64
美術科教育　74
美術教育　63
美術博物館教育　77
美の感受性　5
＊ビューラー，K.　68
描画研究　69
描画材料　95
　水彩絵の具　96

クレヨン　95
フェルトペン　96
描画主題　69
描画発達　69
描画面　97
表現遊び　2
表現意図　74
表現教育　2
表現形式　67
表現の芽生え　35
表現媒体　168
表現様式　9, 10
拍子系　166
表情　71
表情遊戯　162
フィルター　173
ブラインド・ウォーク　152
ふり行為　116
プロセス　173
文化　2
＊ペインター, J.　20, 29
ペープサート　103
＊ベンジャミン, A.　157
保育者　144
保育士養成　76
『保育所保育指針』　11, 104
ポートフォリオ　88
ボディーパーカッション　55

■マ行■

マザリーズ　40
＊マティス, H.　64
マンダラ図形　64
見つめる　38

ミミクリ（Mimicry）　121
見る　114
＊ミロ, J.　64
Moving Plastic　168
模倣　38, 39, 81, 113
模倣期　39
模倣性　121

■ヤ・ラ・ワ行■

遊戯作品　161
融合的表現　103
幼児画　71
幼児の発声　52
幼小連携　15
『幼稚園教育要領』　11, 104
幼年造形教育学　75
＊リード, H.　5, 6, 81
リズム　124
　──体感　166
　──体験　167
　──の知覚　167
　──の追体験　165
立体造形　64
＊リッチ, C.　63
リトミック　166
リフト　151
＊リュケ, G.H.　68
臨界期　5
レントゲン描法　64
＊ローウェンフェルド, V.　68
ワークショップ　146
わらべうた　41, 165
＊ワロン, H.　112, 117

MINERVA保育実践学講座

全16巻
（A5判・並製・各巻平均200頁）

①	保 育 の 基 礎 理 論	田中亨胤／三宅茂夫 編著
②	保 育 者 の 職 能 論	田中亨胤／尾島重明／佐藤和順 編著
③	子ども理解と保育援助	寺見陽子／石野秀明 編著
④	保 育 内 容 総 論	田中亨胤／名須川知子 編著
⑤	教育課程・保育計画総論	田中亨胤／佐藤哲也 編著
⑥	保 育 指 導 法 の 研 究	中島紀子／横松友義 編著
⑦	保育内容「健康」論	嶋崎博嗣／奥田援史 編著
⑧	保育内容「人間関係」論	横川和章／鹿嶌達哉 編著
⑨	保育内容「環境」論	三宅茂夫／大森雅人／爾　寛明 編著
⑩	保育内容「言葉」論	横川和章／深田昭三 編著
⑪	保育内容「表現」論	名須川知子／高橋敏之 編著
⑫	幼稚園教育実習の展開	名須川知子／青井倫子 編著
⑬	保 育 実 習 の 展 開	佐藤哲也／坂根美紀子 編著
⑭	乳幼児保育の理論と実践	寺見陽子／西垣吉之 編著
⑮	特別支援保育の理論と実践	村田美由紀／石野秀明 編著
⑯	子育て支援の理論と実践	子育て支援プロジェクト研究会 編

MINERVA保育実践学講座　第11巻
保育内容「表現」論

2006年11月10日	初版第1刷発行	〈検印省略〉
2010年3月30日	初版第2刷発行	

定価はカバーに
表示しています

編著者	名須川　知子
	髙橋　敏之
発行者	杉田　啓三
印刷者	中村　知史

発行所　株式会社　ミネルヴァ書房
607-8494 京都市山科区日ノ岡堤谷町1
電話(075)581-5191／振替01020-0-8076

© 名須川, 髙橋, 他, 2006　　中村印刷・新生製本

ISBN978-4-623-04717-8
Printed in Japan

執筆者紹介（執筆順，執筆担当）

高橋　敏之（たかはし・としゆき，編者，岡山大学大学院教育学研究科）　第1章，第5章

小泉　恭子（こいずみ・きょうこ，大妻女子大学）　第2章

細田　淳子（ほそだ・じゅんこ，東京家政大学）　第3章，第4章

飯塚　朝子（いいづか・あさこ，東京都北区立滝野川北保育園）　第3章

丁子かおる（ちょうじ・かおる，福岡教育大学）　第6章

福井　晴子（ふくい・はるこ，岡山短期大学）　第7章

名須川知子（なすかわ・ともこ，編者，兵庫教育大学）　第8章，第11章

國光みどり（くにみつ・みどり，近畿大学豊岡短期大学）　第8章

室谷　敦子（むろたに・あつこ，三木市立口吉川幼稚園）　第9章

新山　順子（にいやま・じゅんこ，岡山県立大学）　第10章